RAINER PATZLAFF

Bildschirmtechnik und Bewußtseinsmanipulation

ZEICHEN DER ZEIT

6

Schriftenreihe, herausgegeben von der
Sozialwissenschaftlichen Forschungsgesellschaft Stuttgart e.V.
(Initiative für die Dreigliederung des sozialen Organismus)

RAINER PATZLAFF

Bildschirmtechnik und Bewußtseinsmanipulation

VERLAG FREIES GEISTESLEBEN

CIP-Kurztitelaufnahme der Deutschen Bibliothek

Patzlaff, Rainer:
Bildschirmtechnik und Bewußtseinsmanipulation:
Rainer Patzlaff. — 2. Aufl. —
Stuttgart: Verlag Freies Geistesleben, 1987.
(Zeichen der Zeit; 6)
ISBN 3—7725—0847—2
NE: GT

2. Auflage 1987
Einband: Walter Krafft
© 1985 Verlag Freies Geistesleben GmbH, Stuttgart
Gesamtherstellung: Greiserdruck Rastatt

INHALT

Vorbemerkung

Auf vielfachen Wunsch werden in diesem Bändchen drei Vorträge zusammengefaßt, die in den Jahren 1983 und 1984 in mehreren Waldorfschulen und anderen Institutionen vor Eltern, Oberstufenschülern und einer interessierten Öffentlichkeit gehalten wurden. Überall war das Bedürfnis der Zuhörer zu spüren, Gesichtspunkte und Einblicke zu gewinnen, die es ermöglichen, die rätselhaft neuen und beunruhigenden Phänomene der Zeit mit Bewußtsein zu durchdringen. Daher nahmen die Betrachtungen stets ihren Ausgangspunkt von Gegenwartsereignissen, wie zum Beispiel dem angeblichen Wiedererscheinen des Christus oder dem sensationellen Erfolg des Spielfilms «E. T.» im Jahre 1982, die den Hörern frisch im Gedächtnis standen, um daran grundlegende Fragen zu entwickeln. Dieser aktuelle Bezug wurde den Vorträgen im vorliegenden Abdruck belassen, auch wenn sich dadurch gelegentlich thematische Überschneidungen ergeben und manches nur stichwortartig angerissen wird. Zum besseren Verständnis sei noch erwähnt, daß der erste Vortrag (erstmals gehalten am 21. 2. 1983) als Rückblick auf das Jahr 1982 entstand, während die zwei weiteren (erstmals gehalten am 20. 1. und 23. 3. 1984) im Hinblick auf das Orwell-Jahr 1984 konzipiert wurden und inhaltlich zusammengehören.

Alle drei Vorträge sind in der «Erziehungskunst – Monatsschrift zur Pädagogik Rudolf Steiners» (Heft 4/1983, 7/1984, 12/1984 und 1/1985) bereits als Einzelaufsätze veröffentlicht und verschiedentlich nachgedruckt worden. Wenn sie mit der freundlichen Genehmigung der Redaktion hier noch einmal erscheinen, so geschieht das in der Hoffnung, einen Beitrag zu leisten zu dem Bemühen, die lähmende Angst und Resignation, die uns die Kraft zur Auseinandersetzung mit den Bedrohungen der Gegenwart raubt, durch Erkenntnismut zu überwinden.

R. P.

Bewußtseinswandel und Manipulation

Selten erscheint ein abgelaufenes Jahr im Rückblick so bedeutsam und rätselhaft wie das Jahr 1982. Etwas wie ein untergründiges Erdbeben hat die gewohnten Lebensformen und Denkweisen erschüttert, und als ob ein Vorhang zerrissen sei, wetterleuchteten plötzlich andere Welten herein, die dem materialistischen Blick bisher verborgen waren. Phänomene, die noch vor wenigen Jahren kaum vorstellbar gewesen wären, beunruhigen mehr und mehr die Gemüter, ja das Bewußtsein selbst scheint in einem Umbruch. Davon soll aphoristisch einiges berichtet werden.

In weiten Kreisen der westlichen Welt hat sich das Lebensgefühl gegenüber Zivilisation und Technik fast ruckartig verändert. Das fortschrittsgläubige Wirtschaftswunderdenken früherer Jahre ist einer großen Unsicherheit gewichen. Niemand kann sich mehr der Einsicht verschließen, daß wir mit der Wachstumsideologie der Wirtschaft, mit der sorglosen Plünderung der Rohstoffe, mit der Zerstörung, Vergiftung und Verwüstung der Natur, mit der aberwitzigen Rüstungspolitik an eine Grenze gestoßen sind, die wir ohne globale Katastrophen nicht mehr überschreiten können. Meldungen vom drohenden Zusammenbruch der Trinkwasserversorgung, von der Verpestung der Luft, von der radioaktiven Verseuchung der Erde, vom beginnenden Waldsterben, von der stündlich fortschreitenden Abholzung und Versteppung ganzer Erdteile verdichten sich furchterregend zu einem Alptraum der Menschheit. Schon taucht die Schreckensvision vom Tod des Planeten Erde auf, wissenschaftlich fundiert in alarmierenden Büchern, phantastisch verniedlicht in Sciencefiction-Romanen und -Filmen.

Damit einhergehend ist aber auch ein neues Bewußtsein

erwacht für die tieferen Ursachen dieser Entwicklung. Die einst so griffige vulgärmarxistische Erklärung, Raubbau an der Natur resultiere aus nichts anderem als aus der Profitgier und den Machtinteressen der herrschenden Klasse, verfängt nicht mehr. Zu offensichtlich ist geworden, daß auch ohne Klassengegensätze genauso rücksichtslos gewirtschaftet wird. Man spürt, daß die Ursache viel tiefer zu suchen ist, nämlich in uns selbst, in der Eigenart unseres mathematisch-naturwissenschaftlich geschulten, abstrakt-rationalen Denkens, das mit Beginn der Neuzeit im 15./16. Jahrhundert ins Abendland einzog und inzwischen bis in den letzten Winkel der Erde zur alles beherrschenden Denkweise geworden ist. Ihm verdanken wir die Errungenschaften der modernen Technik und Zivilisation. Aber von Dank wird bald nicht mehr die Rede sein: Jeder sieht, wie sich die Technik in rasendem Tempo zu gigantischen Superlativen steigert und dabei immer krasser die Neigung entwickelt, sich vom Menschen abzulösen, dämonisches Eigenleben zu führen und dadurch unmenschlich zu werden. Es ist nicht zu verwundern, wenn die junge Generation das heutige Denken zwar noch wie ein selbstverständliches Erbe benutzt, sich aber nicht mehr darin zu Hause fühlt, ja fast schon mit einem leisen Grauen davor zurückschaudert. Erlebt sie doch immer deutlicher, wie die unbestreitbar grandiosen Leistungen des Intellekts bezahlt werden mit einer grandiosen Einseitigkeit:

Wohl hat das analytisch-rationale Denken den unvergleichlichen Vorzug, daß es durch und durch geprägt ist von bestechender Klarheit und Formgesetzlichkeit wie ein Kristall; jeder Schritt wird mit mathematischer Exaktheit vom wachen, vollbewußten Ich des Menschen geführt und kontrolliert, nichts Unbewußtes oder Persönliches kann seine Objektivität trüben. Aber weil es so klar und durchsichtig ist wie ein Kristall, ist es auch so tot wie ein Kristall; und wird es auf Lebenszusammenhänge der Natur angewendet, dann kann es seiner eigenen Anlage nach nicht anders, als zerstörend und lebensfeindlich einzugreifen. Denn niemals wird es Lebendiges erschaffen. Mit seiner einseitig monokausalen, streng linearen Struktur (die neuerdings auch von Fachleuten als wesentliche Ursache ökologischer Zerstörungen bezeichnet wird) kann es immer nur das schon Geschaffene in seine Einzelteile zerlegen und untersuchen. Ein geistiges *Sezieren* ist seine Tätigkeit. Darüber hinaus fehlt ihm, wie dem Kristall, die innere Wärme; individuelles Fühlen hat darin keinen Platz, und so kann man es letztlich sogar dem Computer überlassen. Wo dieses Denken äußerlich sichtbar Gestalt annimmt, in der Architektur, im Städtebau, im Verkehrswesen, erzeugt es bei den betroffenen Menschen ein Gefühl von seelenloser Kälte, Öde und Leere, von Einsamkeit, Angst und Depression. Jüngstes Beispiel geradezu alptraumhafter Rationalität in der Architektur ist das Groß-Klinikum in Aachen. Ein dort arbeitender Arzt nannte den Bau in der Presse «einen einzigen Angriff auf die Würde des Menschen». Wer die Bilder sieht, kann das verstehen.

Tiefes Mißtrauen gegenüber der viel gepriesenen Objektivität der Wissenschaft erfaßt die jungen Menschen heute, wenn sie sehen müssen, daß Gutachten über menschheitsbedrohliche Fragen (wie z. B. Sicherheitseinrichtungen in Atomreaktoren) nicht selten davon abhängen, wer den Gutachter «gekauft» hat: Der Sachverständige beweist mit allen Mitteln der Wissenschaft das, was die Auftraggeber hören möchten; er könnte aber auch das genaue Gegenteil beweisen, wenn es gewünscht würde. Was ist ein Denken noch wert, das man so oder so gebrauchen kann? Ist es nicht eine Lüge? Leben wir nicht auch in der Politik unentwegt mit der Lüge, wenn man von Frieden spricht, wo man Krieg meint, von Abrüstung, wo es um Aufrüstung geht, von Leben, wo man Tod schafft? Solche Gedanken und Worte sind doch wie eine leere Konservenbüchse: außen ein vielversprechendes Etikett, das man nach Belieben austauschen kann, und innen nichts – eine leere Hülse, in der jeder seine geheimen Motive versteckt. Ist dieses Denken noch menschenwürdig? Ist es nicht ein teuflisches Werkzeug geworden? Betroffen blickt man auf die Tatsache hin, daß jedes analytisch-abstrakte Denken gebunden ist an das Gehirn, also an diejenige Substanz im menschlichen Körper, die dem Tod am nächsten steht, die unentwegt absterben möchte und bei kurzfristigem Sauerstoffmangel tatsächlich unwiderruflich stirbt. Gehirngebundenes Denken ist nicht zu trennen von Sterbeprozessen.

Hier liegt die Quelle für die Todeskräfte, von denen unsere neuzeitliche Kultur durchzogen ist. Das wird von zahllosen Menschen in einer Schärfe und Dramatik wahrgenommen wie wohl niemals zuvor. Zugleich aber regt sich immer mehr eine Art Ur-Opposition dagegen. Schon seit mehreren Jahren ist zu beobachten, daß Jugendliche sich kaum noch beeindrucken lassen von den schönen Worten, die ein Erwachsener macht. Ob einer mit scharfgeschliffenem Intellekt brillieren kann oder nicht, ob seine Argumente logisch stimmen, ob er ein elegantes Auftreten hat, das interessiert sie wenig. Mit instinktiver Sicherheit durchstoßen sie die äußere Fassade und tasten ab, was für ein Mensch da vor ihnen steht. Für sie zählt nicht, was einer sagt, sondern was einer tut und welche Gesinnung er hat. Die Übereinstimmung von Wort und Tat fordern sie, und man kann schon manchmal insgeheim erschrecken, wie nackt man als Erwachsener dasteht vor dem geistigen Röntgenblick der Kinder und Jugendlichen. Man kann aber auch beglückt erleben, wie dadurch eine ganz neue Art von Gesprächen möglich wird, Gespräche, bei denen das Entscheidende nicht in den Worten geschieht, die man spricht, sondern in den Pausen zwischen den Worten: Da springt der Funke, und man versteht sich in blitzartiger Erkenntnis viel tiefer und genauer, als es lange Reden auszudrücken vermöchten; das Unhörbare wird hörbar, und gerade das ist es, was heute gesucht und als neue Fähigkeit mitgebracht wird. (Man vergleiche, wie sehr sich manche Politiker bemühen, in ihren Reden keine Pausen entstehen zu lassen!)

Lauscht man als Lehrer oder Erzieher öfter in das Unhörbare derartiger Gespräche hinein, hört man drängender und drängender bestimmte Fundamentalfragen heraus, die latent in den Seelen rumoren und teilweise auch ausgesprochen werden. Eine dieser Fragen lautet etwa so: *Ihr Erwachsenen, welche Moral praktiziert Ihr eigentlich?* Die Antwort ergibt sich aus dem Handeln der Erwachsenenwelt mit erschreckender Deutlichkeit. Sie müßte, wenn sie ehrlich formuliert wird, heißen: Wir handeln nach dem Grundsatz «Nach mir die Sintflut». Daß damit in der Welt Zerstörung und Tod bewirkt wird, muß jeder Jugendliche schmerzlich erleben.

Eine weitere Frage wird gestellt: *Welche Ziele und Aufgaben könnt Ihr uns für die Zukunft weisen?* Die Antwort lautet lakonisch: «No future», und zusammen mit dem Rüstungswahnsinn der Militärs erscheint sie dem Jugendlichen tödlich glaubwürdig.

Eine dritte Frage drängt sich aus den Untergründen heraus. Sie heißt: *Was für ein Bild habt Ihr vom Menschen?* Offizielle Antwort der materialistisch imprägnierten Wissenschaft: «Der Mensch ist ein höheres Tier, ist das Produkt von Vererbung und Umwelt.» Man mag das noch so wissenschaftlich beweisen, dem heranwachsenden Menschen raubt man damit die Atemluft. Er spürt, daß er als geistiges Wesen, das aus höheren Welten auf die Erde herabgekommen ist, nicht identisch sein kann mit dem physischen Leib und der Umwelt. Das Ich, das schon vor der Geburt da war und auch nach dem Tode weiterbestehen wird, sieht sich durch eine solche Antwort vor dem Nichts.

Drei Fragen, drei Enttäuschungen. Die unausweichliche Folge ist, daß sich der Lebenswille andere Bahnen bricht. Spätestens seit den Studentenunruhen der späten sechziger Jahre kennen wir die Auswege und Abwege, die sich die Not sucht. Ohne die Möglichkeit, sinnvoll an der Welt mitzugestalten, verwandelt sich der Tätigkeitsdrang zum Erlebnishunger, der sich hemmungslos ausleben möchte in einer Entfesselung des Trieblebens, in Chaotentum und Terrorismus. Ein anderer Fluchtweg führt in die kopflose Irrationalität fernöstlicher Mystik, in Jugendsekten, in magische Kulte. Überall zeigt sich die Tendenz, ins Exil zu gehen, sei es äußerlich durch Auswanderung, Flucht aufs Land oder jahrelanges Reisen, sei es innerlich durch Drogen oder totale Abstumpfung. Allen Formen gemeinsam aber ist die tiefe, unerfüllte Sehnsucht nach wirklichem Leben.

In jüngster Zeit ist noch eine Tendenz dazugekommen, die bedeutsam in die Zukunft weist: Wo man vor den Problemen nicht flüchtet und das neuzeitliche Denken nicht völlig verwirft, da zeigt sich ein wachsendes Bedürfnis, das erstorbene, kalte Intellektsdenken von innen heraus neu zu beleben, Gedanken zu erzeugen, die nicht nur den Kopf ansprechen, sondern den ganzen Menschen vom Herzen her mit Leben und Wärme durchglühen. Wie aber kann der abstrakte, tote Gedanke lebendig werden? Indem er sich verwandelt zum *Bild*, zur künstlerisch gestalteten Imagination. Weil viele Menschen heute in der geschilderten Weise das Vordergründige durchschauen, spüren sie genau, ob ein Bild vom Verstand zurechtgezimmert ist oder ob es aus tieferen Schichten der Erfahrung hervorgegangen ist als ein geistiges Wahr-Bild, hinter dem sich eine höhere Wirklichkeit sinnlich-übersinnlich ausspricht. Fast wie ein Rausch hat die Menschen plötzlich ein Drang nach solchen Wahrbildern ergriffen. Mythen und Märchen, noch vor kurzem als unzeitgemäß verlacht und abgetan, stehen hoch im Kurs. Die feine Witterung der Marktforscher hat den Trend längst entdeckt, und so überbieten sich die Verlage mit immer neuen Auflagen und Zusammenstellungen aller möglichen Sagen und Phantasiegeschichten, Märchen und Legenden. Anhand der wöchentlichen Bestseller-Listen ließ sich schon seit 1981 verfolgen, welch ungewöhnlich dauerhaften Erfolg gerade Bücher dieser Art haben: Tolkiens «Herr der Ringe» war das meistgekaufte Buch des Jahres 1982, gefolgt von seiner deutschen Entsprechung in Michael Endes «Unendlicher Geschichte», «Momo» usw.

Unter den Märchen und Sagen erfreuen sich besonderer Beliebtheit die Sagen um König Artus, Merlin, Lohengrin, sowie die Grals- und Parzivalsagen, und das beweist nur, daß die Leser mit sicherem Instinkt zu finden wissen, was sie im tiefsten suchen: Handeln doch die Artus- und Grals-Sagen von dem Kampf gegen den alles verschlingenden Drachen, von Irrfahrten und Prüfungen, von der Verwandlung und Höherentwicklung des Menschen, von dem Geheimnis, wie aus dem toten Erdenstoff (der Gral ist ein Kristall!) Leben und Nahrung entspringt. Alle diese Bilder sind einst aus der Weisheit von Mysterien-Eingeweihten gestaltet worden, sind echte Imaginationen, und das verleiht ihnen die Kraft der Wahrheit, die jeder ahnend erlebt. Ihre Bestandteile sind zwar der Sinneswelt entnommen, aber so komponiert, daß sie das Licht des Geistes durch sich hindurchscheinen lassen, und so werden sie zu Fenstern in diejenige Welt, die hinter der Sinneswelt liegt, in die Geisteswelt, die von den Seelen als die eigentliche Heimat empfunden wird. Je mehr sich Menschen auf der heutigen Erde als Fremdling fühlen, einsam und ausgestoßen, desto heftiger suchen sie nach solchen Verbindungen zur geistigen Heimat.

Man mag das als Irrationalismus und Rückfall in mittelalterlichen Aberglauben abtun. Wirklich unbefangene Beobachtung lehrt, daß jüngere Menschen in der Regel ganz anders darüber denken. Für sie heißt die Frage nicht: Gibt es überhaupt ein wirkliches Sein jenseits der sinnlich erfahrbaren Welt? Sie wollen heute wissen: Wie finde ich den Weg in die übersinnliche Welt? Daher seit einigen Jahren der große Drang zu Meditation und Schulungspraktiken aller Art. An den ernsten Gefahren, die sich dabei auftun, ist nicht zu zweifeln; aber das übereinstimmend erlebte Bedürfnis nach Meditation darf nicht als abwegig verketzert werden, denn das Wesen der echten Meditation besteht ja gerade darin, den abstrakten, lebensleeren Gedanken durch innere Aktivität mit Leben zu erfüllen, sich als ganzer Mensch mit ihm zu durchdringen, so daß er nicht nur gedacht, sondern als ein lebendiges Wesen erlebt wird. Aus eigener Kraft im Erdensein das Göttliche wiederzufinden, dieses Parzival-Motiv ist vielen zum Lebensziel geworden.

Im Mittelalter war die gesamte Kultur von Religion durchtränkt. Heute ist geradezu das Gegenteil der Fall: Unsere westliche Kultur lebt im großen und ganzen entleert von Religion. Was aus der Tradition heraus durch die Kirchen noch gepflegt wird, findet bei den Jugendlichen kaum Interesse; die Bibel ist ein weithin unbekanntes Buch geworden. Um so bedeutsamer muß es erscheinen, daß Tausende von Menschen heute auf eine völlig neue Weise sich dem Christus-Geheimnis nähern, ohne es bewußt gesucht zu haben. Viele wissen gar nicht, wie sehr sie durch ihr inneres Suchen und Tasten dem eigentlichen Kern des Christus-Ereignisses nahe gekommen sind. Was ist dieses Geheimnis? Ein göttliches Wesen ist aus höheren Welten herabgestiegen in den Leib eines Menschen und hat in ihm das Erdenschicksal des Menschen durchlitten: den Tod. Soweit ist die Christus-Tat vergleichbar mit dem Schicksal jedes Menschen, soweit ist sie auch im allgemeinen Bewußtsein. Aber das Entscheidende ist damit noch gar nicht ausgesprochen; es fehlt der zweite Teil des Christuswirkens, nämlich die Tatsache, daß er den Tod überwand, das Tote zu neuem Leben erweckte – ein völliges Rätsel für den irdischen Verstand und von jeher das tiefste Geheimnis des Christentums. Bildlichen Ausdruck fand es in der Legende vom Kreuzesholz, die besagt, daß das Kreuz auf Golgatha das vertrocknete Holz des Paradiesesbaumes war, von dem Eva und Adam die Frucht der Erkenntnis aßen, und daß dieses verdorrte Holz durch Christi Tod wieder zu einem lebendigen Baum wurde. Man stelle sich einmal vor, die Menschen, deren ernstes Ringen um Überwindung der Todeskräfte unserer Kultur so deutlich zutage tritt, würden sich ihres wahren Zieles bewußt und würden mit Macht daran gehen, den Materialismus zu besiegen, um aus den Lebenskräften des Geistes heraus eine neue Kultur zu begründen – es würde zugleich die Begründung eines neuen Christentums für die Zukunft sein!

Das ist nicht eine Gedankenspielerei, sondern eine reale Möglichkeit, die sich gegenwärtig eröffnet. Die Angriffe der Gegnermächte, die seit dem vorigen Jahre in massiver Weise hervorgetreten sind, beweisen es. Niemand sollte glauben, daß es sich bei solchen Widersachern um Menschen gewöhnlicher Art handelt, die in ihrem persönlichen kleinen Egoismus Machtgelüste ausleben. Hier handelt es sich um Gegner, die aus okkultem Wissen heraus mit magischen Mitteln zu kämpfen wissen. Schon bei der Geburt Christi wurden sie tätig, wie der schreckliche Kinder-

mord des Herodes beweist; nicht ohne Grund wird im Oberufe-
rer Dreikönigsspiel Herodes als ein Schwarzmagier dargestellt,
der übersinnliche Wahrnehmungen hat und sich von den Mäch-
ten der Finsternis inspirieren läßt. Weil es Wissende sind, die in
die okkulten Untergründe der Geschichte hineinsehen können,
haben sie einen Vorausblick, der unser geringes Wahrnehmungs-
vermögen weit übertrifft. Erst nachträglich erkennen wir, wie
bestimmte Entwicklungen von langer Hand vorbereitet wurden,
um im entscheidenden Augenblick volle Wirksamkeit zu haben.
So können wir jetzt bemerken, daß zu dem Zeitpunkt, als in
Mitteleuropa nach dem Zweiten Weltkrieg neues kulturelles
Leben entfaltet werden konnte, etwas mit hineingemischt wurde,
was es in keiner Kultur der Menschheit bisher gegeben hatte: das
Massenmedium Fernsehen als selbstverständlicher Bestandteil
jedes Haushalts, dazu die Massenlektüre von Comics und ähnli-
chem. Der aufkeimende Bildhunger der Menschen wird also
rechtzeitig an die «Ernährung» durch Fernsehen und Comics
gewöhnt, und als rund dreißig Jahre später die Wissenschaft die
paralysierende und ichschwächende Wirkung nachzuweisen
beginnt, da sitzt die Gewohnheit schon viel zu tief, als daß sie
noch freiwillig abgeschafft würde. Im entscheidenden Jahr 1982
können somit die Angriffe auf eine neue, noch wirksamere Stufe
gehoben werden: 1982 ist das Jahr, in dem bei uns das Kabelfernsehen den Durchbruch schafft, die Videorecorder und Videokassetten als Massenware auf den Markt kommen, dazu Schachcom-
puter und Elektronikspiele aller Art und die totale Schallberiese-
lung durch Kopfhörer-Kassettengeräte in Taschenformat. Die
meisten von uns ahnen gar nicht, welcher Art das Bildmaterial
ist, das sich zur Zeit auf die Menschheit ergießt durch die Flut
von Videokassetten, die trotz aller Vorschriften auch von Kindern leicht entliehen werden können. Die Themen reichen von
Micky Maus und Dornröschen über Sex, Porno, Krieg und
Horror bis zu unvorstellbaren Grausamkeiten. Selbst das liberale
Schweden ruft nach Zensur, weil in den Kinderzimmern eine
Orgie der Gewalt über die Bildschirme jagt, ohne Wissen der

Eltern zumeist. Blutrünstige Sadismen, entsetzlichste Schlächtereien und Kannibalismus werden da bis ins Detail genüßlich ausgebreitet. Allein von den Beschreibungen in der Presse kann einem schon übel werden; wieviel furchtbarer müssen erst die Bilder selbst auf das Gemüt wirken! «Dieser Film ist so entsetzlich, daß Sie ihn in Ihrem Leben nicht mehr vergessen werden», verheißt ein Film mit dem Titel «Man-Eater», kaum übertrieben. In einer südschwedischen Gemeinde wurden Kinder befragt, wie der Mensch stirbt: Fast die Hälfte der sechs- bis zehnjährigen Kinder konnten sich den Tod des Menschen «nur als gewaltsames Ende vorstellen – durch Erhängen, Erschießen oder Niederstechen» (Spiegel 49/1982, S. 185).

Indes ist das alles nur eine Steigerung jahrzehntelanger Angriffstechniken. Zusätzlich ist 1982 eine ganz andere, prinzipiell neue Art von Bildangriffen aufgetreten, die so genial getarnt ist, daß sich Millionen von Menschen ihr hocherfreut ausgesetzt haben, ohne zu merken, was eigentlich gespielt wird – ein Generalangriff, der mit dem Gegenteil des eben beschriebenen Bildmaterials arbeitet: mit Bildern, die nicht die geringste Spur von Gewalt oder Sadismus, Sex oder Brutalität enthalten, sondern die schönsten, edelsten menschlichen Regungen wecken, ganz harmlos und unverdächtig. Selbst die hyperkritischen Zeitungsschreiber haben den Sachverhalt kaum durchschaut, weil sie nur auf den kommerziellen Erfolg starren und nicht erkennen, daß hier mit okkulten Mitteln okkulte Ziele verfolgt werden. Jeder Psychologe weiß, daß eindrückliche Bilder, auch (oder gerade) wenn sie harmlos erscheinen, tief in das Unterbewußtsein hinuntergehen und bis in die verborgenen Vorgänge der Seele hinein eine geheime Wirksamkeit entfalten können, ohne daß der Betrachter es weiß. Die Werbung macht davon schon lange Gebrauch. Aber auch ein Okkultist kann sich das zunutze machen, um die Menschen viel wirksamer zu beeinflussen, ja zu manipulieren, als es durch den Verstand jemals möglich wäre. Voraussetzung ist nur, daß die Menschen bereit sind, ohne Einmischung der Verstandestätigkeit sich okkulten Bildern hinzugeben, und diese Bereitschaft ist jetzt in breitem Maße vorhanden. So öffnet die Sehnsucht nach geistigen Wahrbildern den Gegnermächten neue Tore in die Seelen der Menschen, die bisher nicht offen standen, solange der Kopf im Wege war.

Die Technik, die dabei verwendet wird, ist ebenso einfach wie durchschlagend. Man nimmt uralte okkulte Wahrbilder und pervertiert sie in eine bestimmte Richtung. Zum Beispiel kennt die Kunstgeschichte diejenige geistige Wesenheit, die als Schlange in das Paradies schleicht und Eva und Adam verführt, als den vom Himmel herabgestürzten Engel, der den Menschen das Licht der Erkenntnis bringt und deshalb Licht-Bringer, lateinisch Lucifer, genannt wird. Dieses Wesen, einstmals strahlend schön, verfügt über die höheren Kräfte, die der Mensch gerne erreichen möchte, und wirkt deshalb als Verführer, der den Menschen in seinen Sturz mit hinabreißt. Umgewandelt taucht das Luziferbild heute wieder auf als «Superman». Er mag uns harmlos erscheinen; wie stark aber das Bild auf unbefangene Kinderseelen wirkt, bewies eine Meldung, die kürzlich durch die Presse ging: In einem fernöstlichen Land, in das Film und Fernsehen gerade erst Einzug halten, wurden zahlreiche Kinder zerschmettert auf der Straße aufgefunden. Sie trugen das Signum ihrer Todesursache auf der Brust: auf ihren T-Shirts prangte Superman. Sie waren auf Hausdächer gestiegen, um zu fliegen wie er, und hatten sich blindlings hinabgestürzt.

Ein anderes okkultes Wahrbild ist das des Luzifer-Genossen Satanas, des Höllenfürsten, der als Herr der Finsternis den Menschen in die Verknöcherung, in das Todesreich der leblosen Materie hinabziehen möchte. Im Gegensatz zum verführerischen Luzifer erscheint er in allen mittelalterlichen Teufelsdarstellungen als ein Ausbund an Häßlichkeit, gehörnt und knöchern hart, mit grauenhaften Krallen. Nun male man sich einmal aus, eine Kinderseele, die vom Himmel auf die Erde herabsteigt, würde diese Gestalt annehmen. Würde man nicht furchtbar erschrecken über ein solches Zerrbild der Hölle? Millionen Menschen haben das Zerrbild lieben gelernt und verehren es mit wärmsten Gefühlen: «E. T. Der Außerirdische.» Dieser Film wird schon jetzt als größter Spielerfolg der Filmgeschichte gefeiert.

Betrachten wir Handlung und Bildtechnik etwas genauer. Ein Raumschiff ist in Kalifornien gelandet (anders kann man sich die Ankunft außerirdischer Wesen natürlich nicht vorstellen), wird entdeckt und muß eilig abheben, wobei ein kleiner Mitfahrer zurückbleibt, der nun hilflos umherirrt. «Er hat Angst. Er ist allein. Er ist 3 Millionen Lichtjahre von zu Hause entfernt», heißt es bedeutungsvoll auf dem Filmplakat. E. T. fühlt sich auf der Erde, wie sich viele junge Seelen heute auf ihr fühlen: als Fremdling, der sich nach der Heimat sehnt. Er verkriecht sich in einer Vorstadt in einem Gartenschuppen und wird dort von dem zehnjährigen Elliott gefunden, der mit ihm Freundschaft schließt und ihn vor den bösen Erwachsenen rettet. Kaum hat das knöcherne Wesen sprechen gelernt, jammert es fortwährend «Nach Hause!», mit der Kralle auf die Sternenwelt deutend. *Nach Hause* wird zum Leitwort des Films. Schließlich baut E. T. aus einem Regenschirm, der als Parabolspiegel dient, ein «Telefon» zum Kosmos und ruft seine Eltern an. Der Wind schreibt über die Bewegungen eines Baumes die Antwort auf ein Sägeblatt. So also vollzieht sich des Menschen Verbindung zu himmlischen Wesenheiten, die andernorts im Gebet oder in der Meditation gesucht wird!

Der Film ist darauf angelegt, den reflektierenden Verstand möglichst auszuschalten und dadurch die Gewalt der Bilder zu erhöhen: Zum einen wird das Medium begrifflichen Verstehens, die Sprache, auf ein Minimum reduziert; das meiste vollzieht sich stumm, und was man hört, sind oft noch Banalitäten, bis auf wenige Leitsätze, die sich dementsprechend fest einprägen. Zum anderen sind die Bilder so komponiert, daß ihnen eine logische Verknüpfung, ein roter Faden meistens fehlt, so daß der Zuschauer, dessen Verstand doch gerne etwas begreifen möchte, wie gebannt die Bilder mit forschendem Blick in sich aufnimmt, immer auf der Suche nach etwas Greifbarem. Er wird lange hingehalten: Schon vom ersten Augenblick an huscht E. T.

durch das Gebüsch, man hört Laute, man ahnt es hier und da, aber es dauert Minuten, bis man es überhaupt zum ersten Mal sieht, zunächst nur schemenhaft beleuchtet, allmählich heller, und erst in der Mitte des Films steht das kleine Monster mit dem ausfahrbaren Hals voll erleuchtet da. Dazwischen allerdings eine Ausnahme: Für eine Sekunde wird E. T. vom Strahl einer Taschenlampe erbarmungslos angeleuchtet, man sieht ein zappelndes, schreiendes Wesen, hilflos und nackt. Aber ehe sich der Verstand darüber klar wird, woher er diesen ergreifenden Anblick kennt – es ist der Anblick eines soeben geborenen Kindes –, taucht alles wieder ins Dunkel. Polizisten gehen mit bedrohlichem Eisengeklapper (Schlüssel? Handschellen?) umher – man sieht oft nur den Unterleib, vom Gürtel abwärts. Der Gartenschuppen, in dem Elliott das Monster findet, ist von innen her mit überirdisch gleißendem Licht erfüllt, wie auf alten Bildern der Stall von Bethlehem. Die Erwachsenen sehen Elliotts Freund lange Zeit überhaupt nicht; die Mutter steht vor ihm und hält ihn für eine Puppe. Elliott weiß: «Nur Kinder können E. T. sehen.»

Ausführlich wird eine Schulstunde gezeigt. Die Kinder sitzen wie Salzsäulen erstarrt, während der Lehrer mit warmer Stimme erklärt, wie man die in Gläsern bereitstehenden Frösche gleich mit einem scharfen Skalpell bei lebendigem Leibe aufschneiden wird, wie man das pochende Herz finden wird usw. – ein drastisches Bild für den sezierenden, eiskalten Intellekt der Erwachsenen, dem nun ein anderes Bild gegenübergestellt wird: Elliott befreit, im Gedanken an E. T., die todgeweihten Frösche, und plötzlich wimmelt und kreischt es, Lachen, Küssen, Freude – das Leben hat über den Tod gesiegt! Die aufbauenden, heilenden Kräfte des Lebens gehen von E. T. aus: Verwelkte Blumen richten sich auf und erblühen neu, wenn der Außerirdische sich nähert; Elliotts blutender Finger wird durch seine leuchtende Krallenspitze schlagartig geheilt. Auch über die der Schwere entgegenwirkenden Kräfte der Levitation verfügt E. T.: Fahrten mit dem Fahrrad führen streckenweise durch die Luft, vorbei am leuchtenden Mond.

Erweckung des Toten zum Leben, Wunderheilung durch Handauflegen, Überwindung der Materiegesetze – der Außerirdische wird zum Heilbringer der Menschheit. Und richtig: E. T. erleidet auch das Schicksal des Heilands der Welt. Nach dem eindringlichen Telefongespräch zum Vater im Himmel draußen vor der Stadt in der Einsamkeit der Natur (Gebet auf dem Ölberg!) beginnt die Passion. Elliott findet E. T. halbtot auf, dunkle Verschwörungen bahnen sich an, Verfolgung und Gefangennahme. E. T. findet sich auf dem Operationstisch wieder, inmitten einer eilig errichteten Quarantänestation mit Plastikschleusen, Atemmasken, blitzenden Armaturen, tickenden Geräten, flimmernden Oszillographen, eiskalter Technik und genauso eiskalten Diagnosen der Ärzte. Der Außerirdische wird zum Opfer des sezierenden Ärztegehirns. Nur einer der Ärzte zeigt menschliche Züge; er entlockt Elliott die Feststellung, daß er die Gedanken des E. T. in seinem Herzen fühle. Herzensgedanken, nicht Gehirn-Gedanken gehen von diesem Wesen aus, dem zeichenhaft die gesamte Stirn- und Schädelwölbung wie abgeschnitten fehlt! Der Außerirdische stirbt, die gespenstische Szenerie der medizinischen Technik löst sich auf, Elliott darf die Blechkiste, in der sein Freund zur Vereisung gebracht werden soll, noch einmal öffnen. Jetzt fällt der zweite bedeutungsträchtige Satz des Films: «E. T., ich liebe dich!» Elliott schließt die Kiste, doch während des Schließens bemerkt der Zuschauer einen rötlichen Schein in der Kiste. Elliott kommt an einer verwelkten Blume vorbei, sie richtet sich auf! Liebe erweckt Tote. Elliott begreift und öffnet die Kiste, und das vorher noch leichenweiße E. T. liegt in voller Lebensfarbe da, lebt und spricht wieder, hat aber jetzt ein großes, rotglühendes, heftig pochendes Herz! E. T. aufersteht von den Toten und wird im weißen Tuch von den Kindern, notfalls durch die Luft radelnd, vor einer wilden Verfolgungsjagd der Erwachsenen gerettet und zum Landeplatz gebracht, wo das Raumschiff wartet. Die Mutter und der menschenfreundliche Arzt stoßen dazu; tränenüberströmt, aber glücklich sehen sie zu, wie Elliott sich von E. T.

verabschiedet. Der Außerirdische berührt mit der leuchtenden Fingerspitze Elliotts Stirn auf der Nasenwurzel zwischen den Augenbrauen und spricht nach langem Schweigen seine letzten Worte: «Elliott, ich werde immer bei dir sein!» Die Himmelfahrt beginnt, das Raumschiff steigt senkrecht in die sternklare Nacht, schwenkt dann und zieht als Kondensstreifen einen Regenbogen über den Himmel – uraltes Symbol für die Gemeinschaft von Göttern und Menschen, von Himmel und Erde.

Auch wenn man noch so kritisch zuschaut, vergißt man während des Films völlig, daß sich die Zuschauer verliebt haben in ein totes Gebilde aus Pappe, Stoff und Plastik, das durch die Künste der Technik den Anschein von Leben gewinnt, das Pseudo-Leben eines Roboters. Das Tote lebendig werden zu lassen – dieser tiefsten Sehnsucht der Menschheit bringt E. T. die Erfüllung: Eine mechanisch-elektronisch bewegte leere Hülse rührt uns zu Tränen, weckt alle edlen menschlichen Regungen und lehrt uns das christliche Mysterium von der Überwindung des Todes durch die Kraft der Liebe! Kann eine Täuschung perfekter sein? Das Christus-Geheimnis wird, bevor es in das Wachbewußtsein der Menschen heraufsteigt, schon im Unbewußten abgewürgt und durch ein täuschend ähnliches Zerrbild verdrängt. Es fällt nicht schwer sich vorzustellen, wie solche unwahren «Wahr»-Bilder in der schlafenden Seele wirken: Statt eines wirklichen Apfels, von dem sich die Seele im Schlafe ernährt, bekommt sie als Frucht des Sinneslebens einen Plastik-apfel, der Tantalusqualen des Hungers erzeugen muß.

Daß okkulte Widersacher heute solche Mittel einsetzen, bestätigt nur, daß sich aus den Seelen wirklich ein neues Christusver-ständnis heraufringen möchte. Von daher fällt ein erhellendes Licht auch auf andere rätselhafte Phänomene des vergangenen Jahres:

1982 erschienen in allen großen Tageszeitungen der westlichen Welt ganzseitige Anzeigen mit dem Hinweis «Christus weilt jetzt unter uns» und der Ankündigung, er werde sich demnächst im Fernsehen zu erkennen geben. Daß letzteres dann nicht geschah, gehört mit zur Technik okkulter Angriffe, die auf solche Art die Reaktion der Menschen testen, um festzustellen, ob die Zeit schon reif ist für bestimmte Projekte. Auf diesen Versuch zur Materialisierung des Christuswesens folgte sogleich die entgegengesetzte Botschaft: Das «Heimholungswerk Jesu Christi – Die Innere Geist-Christus-Kirche» warnte 1982 die Menschheit vor den falschen Propheten und betonte, Christus werde sich nicht wieder physisch verkörpern, verkünde aber durch das «Innere Wort» einen Aufruf an die Christenheit; der wurde dann über vier Seiten hinweg als direkte Nachricht von Christus publiziert.

Ebenfalls 1982 erschien unter dem Titel «The Holy Blood and the Holy Grail» ein Buch von Michael Baigent, Richard Leigh und Henry Lincoln, das in kurzer Zeit mehrere Auflagen erreichte. Darin wird als Ergebnis zwölfjähriger Quellenforschung angeblich nachgewiesen, daß Christus gar nicht am Kreuz gestorben sei: Er war mit Maria Magdalena verheiratet und hatte einen Sohn. Die Kreuzigung wurde nur vorgetäuscht, um die Prophetengläubigkeit des Volkes zu befriedigen und ein wichtiges Geheimnis zu verbergen. Daß Maria Magdalena später mit Joseph von Arimathia nach Südfrankreich ging, ist aus der Legende bekannt. Nicht bekannt sei aber, daß Christi Sohn mitging und zum Urahnen der Merowinger-Dynastie wurde, des ersten Herrscherhauses im mittelalterlichen Abendland, das dann mit Hilfe der Kirche, die um ihre Macht fürchten mußte, kaltgestellt wurde. Dieses Geheimnis sei das Geheimnis vom Gral, das die Ketzerbewegungen, der Templerorden und andere gekannt hätten, weshalb sie so erbittert von der Kirche verfolgt wurden. Die Blutslinie des Christussohnes sei nicht erloschen, auch heute gebe es noch einen direkten Nachkommen. Zuletzt entwickeln die Autoren den Gedanken, daß in der gegenwärtigen Misere der Menschheit nichts anderes mehr helfen könne als eine spirituelle Führung. Was liegt näher, als daß derjenige, der kraft seines Blutes als direkter Nachkomme Christi das Recht hat zu führen, dieser spirituelle Führer der Menschheit wird?

Und noch ein letztes. Im Jahre 1982 gelang es einem amerikanischen Forschungsteam, durch eine neuartige Technik in der Gebärmutter photographische Aufnahmen vom lebenden menschlichen Embryo schon ab der dritten Woche zu machen. Sie wurden in LIFE und GEO veröffentlicht, zwei weit verbreiteten Magazinen. Die Bilder sind gewiß großartig und hochinteressant, wenn der Erwachsene sie unter rein wissenschaftlichen Gesichtspunkten ansieht. Schon auf der Titelseite zeigt aber ein kleines Zusatzfoto die winzige Originalgröße des Keimlings nach der achten Woche, und wenn Kinder diese Bilder in die Hand bekommen, ohne daß der Erwachsene ihnen die geistige Seite der Verkörperung ebenso wirksam danebenstellt, dann sprechen die Bilder in ihrer Einseitigkeit stumm aus, woher der Mensch eigentlich stammt: aus einem Klümpchen Materie. Die im GEO-Heft 2/1983 auf S. 126 reproduzierten Bilder aus der 6.–8. Woche zeigen verblüffende Ähnlichkeit mit E. T.: Die fehlende Schädelwölbung, die flache Mund- und Nasenpartie und die auffällig großen blauen Augen, die den Betrachter wie ein Abbild des Himmels anrühren – hier finden sie sich im menschlichen Embryo.

Wie kann man sich gegen so gewaltige Angriffe von allen Seiten wehren? Die wichtigste und vielleicht einzige Waffe dagegen ist: Aus wachsamer geistiger Erkenntnis heraus die raffinierte Täuschung durchschauen! Das aber ist einem Kind nicht möglich; es bedarf unseres vorausschauenden Schutzes.

Das Rätsel des Bösen in unserer Zeit

«Fortschritt» hieß das goldene Losungswort, mit dem sich Technik und Naturwissenschaft die Welt erobert haben. Der Glanz, der einstmals von ihm ausging, schwindet. Spätestens seit den Ereignissen des vergangenen Jahres, als das wahre (nämlich katastrophale) Ausmaß des Waldsterbens offenbar wurde, das Gespenst eines Orwell-Staates zum Greifen nahe kam und die Raketenrüstung in Mitteleuropa die Angst vor atomarer Selbstvernichtung aufkommen ließ, hat das Wort für viele von uns einen anderen Klang bekommen. Fortschritt, der nur noch um seiner selbst willen betrieben wird, droht zum Fluch zu werden. Schon gibt es Wissenschaftszweige, deren Fortschritte man geradezu fürchten muß, weil sie unabsehbare Gefahren für das Leben auf der Erde heraufbeschwören. Der Tag scheint nicht mehr fern, wo neue Entdeckungen die Menschheit in Angst und Schrecken versetzen könnten, wie es Bertolt Brecht am Ende seines Galilei-Dramas beschreibt: *«Ihr mögt mit der Zeit alles entdecken, was es zu entdecken gibt, und euer Fortschritt wird doch nur ein Fortschreiten von der Menschheit weg sein. Die Kluft zwischen euch und ihr kann eines Tages so groß werden, daß euer Jubelschrei über irgendeine neue Errungenschaft von einem universalen Entsetzensschrei beantwortet werden könnte.»*

Erfindungen und Entdeckungen werden von Menschen gemacht. Aber ist das, was uns jetzt bedroht, wirklich nur Menschenwerk? Wie verstehen wir die rätselhafte Tatsache, daß die meisten Techniker, Wissenschaftler und Forscher, die sich um Fortschritt bemühten, die gefährlichen Folgen ihres Tuns nicht im geringsten beabsichtigt, ja nicht einmal geahnt haben? Muß es uns nicht beunruhigen, daß immer wieder aus redlichster Gesinnung neue Projekte begonnen werden, die bedeutende Fortschritte bringen sollen, in der Realität aber eine Fülle negativer Wirkungen zeitigen, die gar nicht in der Absicht des Erfinders lagen? Man denke nur an den Bau des Assuan-Staudammes, dessen Nutzen in keinem Verhältnis steht zu den gewaltigen Folgeschäden, die sich abzuzeichnen beginnen, oder an die segensreiche Entwicklung, die man sich von der Mechanisierung und Rationalisierung der Landwirtschaft erhoffte, die inzwischen weithin die Bodenfruchtbarkeit zu zerstören droht. Den Urhebern solcher Projekte geheime Absichten zu unterstellen, als hätten sie bewußt einen Anschlag auf das Ökosystem ganzer Erdteile geplant, wäre abwegig. Und doch führten ihre Taten, objektiv gesehen, in diese Richtung.

Ein anderes Beispiel konnten wir kürzlich hierzulande miterleben. Um eine zuverlässige Grundlage für gesellschafts- und wirtschaftspolitische Entscheidungen des Bundes, der Länder und der Gemeinden zu schaffen und die Wirtschaft vor Fehlplanungen zu schützen, hatte die Bundesregierung ein Volkszählungsgesetz vorbereitet. Der gute Zweck schien so offenkundig, daß der Bundestag das Gesetz einstimmig verabschiedete. Alles blieb still. Erst wenige Wochen vor dem Stichtag ging ein jähes Erwachen durch die bundesdeutsche Öffentlichkeit; sie entdeckte, daß über die Statistik hinaus eine bis in die Privatsphäre reichende Datensammlung geplant war, zugänglich für zahlreiche «Behörden, sonstige öffentliche und nichtöffentliche Stellen» und daher geeignet, zusammen mit dem ebenfalls geplanten computerlesbaren Personalausweis und den ausgeweiteten Kontrollbefugnissen der Polizei die Grundlage zu geben für einen Überwachungsapparat, der an Perfektion weltweit nicht seinesgleichen gehabt hätte, wie die Fachleute freimütig zugaben. Die Gegner riefen zum Boykott auf und wurden dafür als Rechtsbrecher beschimpft, die die Grundlagen der Demokratie erschütterten und die gesamte Staatsordnung in Gefahr brächten. Am Ende des Jahres 1983 stellte das Bundesverfassungsgericht fest, daß in der Tat die gesamte Staatsordnung in Gefahr geraten sei, aber nicht durch die Kritiker des Gesetzes, sondern durch seine Urheber, die in verfassungswidriger Weise die Möglichkeit geschaffen hätten, den liberalen Rechtsstaat auf kaltem Wege in einen computergestützten Überwachungstaat zu verwandeln. Wie konnte ein so brisantes Gesetz in Bonn für harmlos gehalten werden? Warum hat von über 500 Abgeordneten kein einziger die umwälzenden Konsequenzen vorausgesehen? Der SPD-Abgeordnete Duve bekannte vor der Presse: «Ich habe dem Gesetz zugestimmt, ohne es so recht gemerkt zu haben.»

Ähnliche Vorgänge sind häufig zu beobachten. Mancher wird sich z. B. erinnern, mit welcher Begeisterung Anfang der siebziger Jahre die «Antiautoritäre Erziehung» als Befreiung des Kindes von Frustrationen und gesellschaftlichen Zwängen gefeiert wurde. Schon wenige Jahre später wurde es ziemlich still um sie, nachdem sich herausgestellt hatte, daß sie bei konsequenter Anwendung zu irreparablen Verhaltensstörungen führen konnte. Nicht viel besser erging es den Vätern der «Reformierten Oberstufe» des Gymnasiums, die mit großem Eifer und hochgespannten Erwartungen ein Modell entwarfen, das durch Differenzierung den Schüler besser fördern sollte. Trotz partieller Erfolge sank das Bildungsniveau im ganzen und trieb skurrile Blüten, so daß ein wesentlicher Teil der Reform Schritt für Schritt zurückgenommen werden mußte. Das Thema «Europäische Wirtschaftsgemeinschaft» und viele weitere Erfahrungen ließen sich hier anreihen.

Was liegt also vor, daß der moderne Mensch trotz seiner hochspezialisierten Wissenschaft nicht wissen kann, was aus seinen guten Absichten in der Wirklichkeit wird? Was machen wir falsch, daß unsere Vorstellungen der Lebensrealität so wenig entsprechen?

An einer kuriosen Randerscheinung kann uns deutlich werden, wo das Problem des wissenschaftlichen Denkens heute liegt. Im Wochenmagazin *Die Zeit* vom 30. 10. 1981 berichtete Wolfgang Meyer von einem sonderbaren Erlebnis, das er als Lehrer an der reformierten Oberstufe hatte. In seinem Leistungskurs Erziehungswissenschaft behandelte er Adornos Aufsatz «Erziehung nach Auschwitz». Verblüfft, wie wenig sich die Schüler von dem Thema betroffen zeigten, fragte er sich nach dem Grund und beschloß, sie auf die Probe zu stellen. Er entwarf «einen Text ohne Sinn, bestehend aus Gemeinplätzen, Unrichtigkeiten, unzusammenhängenden und inhaltsleeren Phrasen, die allerdings in eine pseudowissenschaftliche Form gebracht wurden». Unter der Überschrift «Die dispensorische Erziehungstheorie» legte er den Text den Schülern vor und gab ihn als das Neueste aus der Erziehungswissenschaft aus. Seine Befürchtung bestätigte sich: Eine Doppelstunde lang wurden die Ziele der dispensorischen Theorie, ihr Menschenbild, ihr wissenschaftstheoretischer und philosophischer Hintergrund sowie ihre Methode besprochen und die Hausaufgaben brav erledigt, ohne daß ein Schüler den Text als Schwachsinn entlarvte. Darauf zeigte Meyer das Machwerk einem Fachreferendar; der fand es «interessant» und überlegte sogleich, in welcher Klassenstufe es einsetzbar sei. Als nächste wurden einige Fachleiter für Referendarausbildung auf die Probe gestellt: Sie fanden den Inhalt «äußerst interessant» und sahen bemerkenswerte Parallelen zu anderen Theorien. Schließlich legte ein befreundeter Assistent an der Kölner Universität den Text einem Proseminar für Pädagogik vor; das Ergebnis war das gleiche. «Auch Studenten sind heute offenbar nicht mehr in der Lage, sinnleere von sinnvollen Texten zu unterscheiden», resümierte Meyer. Hier eine Kostprobe aus der Mitte des Textes: «Die Erziehung in Afrika unterscheidet sich von der Erziehung in Amerika oder Europa. Die Gültigkeit einer mathematischen Formel ist nicht durch Kontinente begrenzt. Gegenstand der Naturwissenschaft ist die Natur. Wenn Naturwissenschaft alles ist, so ist auch alles Gegenstand der Naturwissenschaft. Feld, Wald, Transistorradios und Menschen bilden so eine Einheit im Ganzen. Im Boxsport kommt es darauf an, den Gegner k. o. zu schlagen. Der Stärkere gewinnt gegen den Schwächeren. Schönheit als Kategorie der Natur spielt im Boxsport keine Rolle. Die Phänomene der Welt müssen beschrieben und geordnet werden, bevor sie in eine Theorie gebracht werden können. Nichts anderes ist die Grundlage der dispensorischen Theorie, die den Anspruch erhebt, die Phänomene der Welt in ihrer Totalität zu erfassen. Versucht man diese Theorie auf die Erziehung anzuwenden, so heißt dies, eine allumfassende Theorie der Erziehung zu begründen, die ihre Bestätigung letztlich in der Praxis erfährt, wobei Praxis im einfachen Sinne als individuelles und gesellschaftliches Handeln verstanden werden soll . . .»

Gewiß, es handelt sich um eine Posse, um einen Auswuchs moderner Wissenschaftlichkeit, der nicht unbesehen zu verallgemeinern ist. Aber am Abnormen kann man sehend werden für das, was im sogenannten Normalen verborgen wirkt. Das von Meyer heiter aufs Korn genommene Scheindenken zeigt uns nur das übersteigerte Zerrbild einer generellen Tendenz, die unmerklich das übliche Wissenschaftsleben durchzieht. Jeder fühlt sich sicher, wenn er sein Denken betätigt; er glaubt, mit seinem Ich ganz anwesend zu sein und deshalb volle Kontrolle zu haben über alles, was darin geschieht. Aber eben das erweist sich durch Meyers Posse als eine subtile Täuschung: Was für höchste Ich-Präsenz gehalten wird, ist eine *Ich-Illusion*. Weil unser Denken von strengster Formgesetzlichkeit durchdrungen ist, scheint es so, als ob das Ich an jeder Einzelheit gestaltend tätig sei; tatsächlich aber laufen die Gedanken in den toten, kristallinen Formen wie von selber ab und geraten dadurch mehr und mehr in schattenhafte Leere. Man bedenke, was es bedeutet, wenn Intelligenz ohne wirkliche Ich-Präsenz zur Grundlage einer weltumspannenden Kultur wird!

Ein zweites Beispiel möge das noch unterstreichen. Während der Studentenunruhen der späten sechziger Jahre ereignete sich in einer westdeutschen Universität das folgende: Radikale Studenten versammelten sich in einem Raum und diskutierten, wie man im Zuge der Demokratisierung der Universitäten auch den Angestellten Mitspracherechte verschaffen könnte. Die Grundsatzdebatten zogen sich bis tief in die Nacht. Als die Resolution

«Mehr Mitspracherechte für Putzfrauen und Angestellte» end-
lich fertig war und die Sozialkämpfer den Raum verließen, war
die Luft zum Schneiden dick, die Aschenbecher quollen über,
leere Cola-Büchsen standen auf Tischen und Fensterbänken,
Bonbonpapiere und Bananenschalen lagen am Boden, Kaugum-
mis klebten an den Stühlen. Am frühen Morgen betrat eine
Putzfrau den Raum. Ihre Gefühle brauche ich nicht zu schildern.
Die vollmundige Forderung auf dem Papier wurde für sie zur
hohlen Phrase eines Denkens, das nur noch den Kopf beschäftigte, während der übrige Mensch gewissermaßen auf Urlaub
war.

Ich-entleertes Denken, in welchem der eigentliche Mensch mit
der ganzen Fülle seines Fühlens und Wollens, seines Empfindens
und Wahrnehmens nicht mehr anwesend ist, hat die Neigung,
mechanisch und automatenhaft zu werden. Ein besonders kras-
ses Beispiel dafür wurde jüngst aus den USA gemeldet: Bekannt-
lich galt in der internationalen Politik bis vor kurzem der Grundsatz, daß Atombomben nur zur Abschreckung dienten und niemals eingesetzt werden sollten. Präsident Reagan dagegen hat der
Außenpolitik die neue Maxime gegeben, ein Atomkrieg müsse
für die USA machbar und gewinnbar sein. Statt über die Unge-
heuerlichkeit solcher Politik nachzudenken, wurde die geballte
Intelligenz amerikanischer Fachleute und Behörden dazu eingesetzt, die praktische Durchführung zu planen und notwendige
Vorsorgen zu treffen. Die zunächst geheimgehaltenen Pläne der
Regierung gelangten durch die Presse teilweise an die Öffentlichkeit, und man erfuhr, Regierungsfachleute rechneten damit, daß
im Falle eines atomaren Angriffs auf die USA nur 35 bis 65
Prozent aller Amerikaner die ersten Stunden überleben. Das
würde bedeuten, daß z. B. im Staate New York nicht alle einge-
hende Post mehr zugestellt werden könnte. Folglich müssen, um
die ordnungsgemäße Rücksendung an den Absender zu gewähr-
leisten, in großem Umfange Rücksendungsformulare vorhanden
sein. Diese Formulare sind bereits gedruckt und liegen für den
Tag X bereit!

Indes muß ich-entleertes Denken nicht in jedem Falle stumpf-sinnig und maschinenhaft ablaufen. Es kann, wo das gefordert wird, außerordentlich scharfsinnig agieren und faszinierende Intelligenz entfalten. Auch dazu ein Beispiel: Die Sandia National Laboratories in New Mexico entwickelten 1981 für die Piloten des Strategischen Bomberkommandos der USA einen Schutzhelm, der sie beim Abwurf einer Wasserstoffbombe vor Erblindung bewahren soll: Wenn der Explosionsblitz auftritt, verdunkeln sich die Spezialgläser innerhalb einer zehntausendstel Sekunde bis zur völligen Lichtundurchlässigkeit. Eine technische Meisterleistung, vor der man nur Respekt haben kann!

Die Frage jedoch, ob es richtig und verantwortbar ist, Wasser-stoffbomben abzuwerfen, spielte bei der Entwicklung des Helmes keine Rolle; sie müßte vom autonomen Ich des Menschen aus seinem Gewissen und seinem freien Verantwortungsbe-wußtsein heraus entschieden werden, und dafür ist kein Platz in der Methode. Nicht umsonst hat der abendländische Mensch jahrhundertelang daran gearbeitet, aus seinem wissenschaftlichen Denken sich selbst als Subjekt herauszunehmen. Moralisches Empfinden, individuelles Gewissen, persönliche Gefühle, menschliche Wärme – alles das hat draußen zu bleiben, und ebendadurch wurde das Denken erst objektiv, reproduzierbar, mathematisch klar, logisch, exakt, rational, wissenschaftlich. Auf der anderen Seite wurde es prinzipiell verantwortungsleer. Nichts, was aus ihm hervorgeht, ist an die Person des Denken-den gebunden; jeder kann dasselbe finden, und so gehört es allen und niemandem. Dürrenmatt hat das in dem Drama «Die Physi-ker» drastisch-sarkastisch zum Ausdruck gebracht: Ein genialer Erfinder fühlt seine Verantwortung und versucht, seine gefähr-lichen Einsichten vor der Menschheit verborgen zu halten, indem er ins Irrenhaus flüchtet. Am Ende zeigt sich, daß der Versuch vergebens war; ohne daß er es wußte, fanden seine Gedanken in aller Welt Verbreitung. Was der eine sich zu denken verbietet, denkt eben ein anderer, und wenn einer ein mögliches Projekt aus moralischen Gründen unterläßt, dann führt es ein anderer aus. Die Erfahrung lehrt: Was gedacht werden kann, wird gedacht, und was machbar ist, wird gemacht – solange dieses Denken herrscht. Was sich aber nicht unterdrücken oder geheimhalten läßt, dafür kann niemand die Verantwortung übernehmen.

So wird neuzeitliche Intelligenz ein bloßes Werkzeug, das jedermann in seinem Sinne benutzen kann, sei es zum Guten, sei es zum Bösen. Wenn es aber nur auf die Absicht ankäme, mit der das Werkzeug benutzt wird, dann wäre nicht zu begreifen, warum auch dort, wo Gutes gewollt wird, daraus so viel Negatives entsteht. Wir kommen zu der Frage zurück: Woher rührt die Diskrepanz zwischen Absicht und Ergebnis? Man könnte die Frage auch einmal anders stellen: Woher kommt es, daß uns heute so viele gespaltene Persönlichkeiten begegnen, die z. B. im Laboratorium von Berufs wegen die grausigsten Massenvernichtungswaffen ersinnen, sich dann den weißen Kittel ausziehen und zu Hause die friedlichsten, liebenswertesten Familienväter sind, die man sich wünschen kann?

Die Antwort liegt schon im Befund. Wenn wir die eigentümliche Ich-Leere heutigen Denkens bemerken, werden wir uns fragen müssen, was mit ihr geschieht. Bleibt sie wirklich leer? Die Abwesenheit des eigentlichen Menschen ist nur die eine Seite der Sache; sie ermöglicht die Anwesenheit einer anderen geistigen Potenz, die, wie von einem Vakuum angesaugt, von außen in die Leere dringt und im Schatten verborgen herrscht. Mag das auch als Spekulation erscheinen – wer aufmerksam beobachtet, wird durch eigene Wahrnehmung bestätigt finden, daß tatsächlich in das Denken vieler Menschen eine Gegenmacht hineinwirkt, die ihre Intelligenz korrumpiert und unmenschlich werden läßt. Man lese unter diesem Gesichtspunkt einmal die folgenden Auszüge aus einem Interview, das der Erfinder der Neutronenbombe, der Amerikaner Samuel T. Cohen, einem holländischen Reporter gab (aus: Spiegel 38/1981; Cohens Bombe zeichnet sich dadurch aus, daß sie Menschen vernichtet, ohne Häuser, Autos und sonstige Sachwerte zu beschädigen).

Frage: Entwickeln Sie gerne Waffen?

Cohen: Ehrlich gesagt, ja. Es ist eine sehr faszinierende Beschäftigung.

Frage: Was ist Ihnen das Liebste auf der Welt?

Cohen: Das Wesen, das mich hoffentlich sehr bald begrüßen kommt, mein Hund.

. . .

Cohen: Wenn ich gefragt werde, ob es nicht unmoralisch sei, Menschen zu töten, aber Eigentum zu verschonen, dann sage ich immer: Die Menschen sind feindliche Soldaten, und Zivileigentum zu verschonen ist sehr richtig. Wollen Sie eine Cola?

. . .

Frage: Wie reagieren Ihre Kinder auf Ihre Erfindung?

Cohen: Mit einer enormen Gleichgültigkeit.

Im weiteren Gespräch bezeichnet sich Cohen selbst als «Humanisten», worauf der Reporter abschließend fragt:

Frage: Wie kann man eigentlich kreativ sein, wenn man an zerstörerischen Sachen arbeitet?

Cohen: Verzeihung, mein Herr! Die Neutronenbombe ist keine zerstörerische Waffe . . .

Frage: Aber sie tötet Menschen.

Cohen: Feindliche Militärs. Das gehört nun leider mal zum Krieg. So war es immer.

Es ist dem Leser sicher erlebbar, wie durch die Worte des biederen Familienvaters etwas anderes hindurchtönt, das gar nicht von ihm selber stammt, sondern wie von einem gespenstischen Doppelgänger, der aus dem Hinterhalt das Denken steuert und verfärbt.

Ich möchte noch weitere Belege geben, an denen man verfolgen kann, wie eine gewisse Denkweise, die zunächst eindeutig das Wohl des Menschen im Auge zu haben scheint, sich am Ende ebenso eindeutig als antihuman entpuppt. – Im November 1983 beobachtete ein Spiegel-Reporter den Münchener Spezialisten für Herzverpflanzungen, Professor Bruno Reichart, bei der Arbeit (Spiegel 50/1983): An einem Vormittag kommt ein Anruf aus Nimwegen in Holland; dort ist ein verunglückter sechzehnjähriger Jugendlicher gestorben, der als Herzspender geeignet erscheint; nach Eintritt des Gehirntodes ist er an die Herz-Lungen-Maschine genommen worden, um den Kreislauf in Gang zu halten. In München liegt ein schwer herzkranker Patient mit gleicher Blutgruppe operationsbereit. Bis zum Nachmittag wird festgestellt, daß alle Gewebemerkmale von Spender und Empfänger zusammenpassen, der Austausch kann beginnen. Prof. Reichart fliegt nach Nimwegen, schneidet dem vorbereiteten Spenderkörper das Herz heraus, legt es in eine Kühlbox, fliegt nach München zurück und setzt es dem Patienten ein. Drei Stunden nach Entnahme pocht das Herz wieder.

Der Vorgang der Verpflanzung selbst ist inzwischen nichts Neues mehr. Den Reporter aber interessierte die Frage, warum Prof. Reichart Fern-Transplantationen so schätzt. Antwort: Bei einer «Haus-Transplantation» liegen Spender und Empfänger in benachbarten Operationssälen. Die Ärzte kennen beide als Lebende, und das wird als sehr unangenehm erlebt: «Keine angenehme Situation. Leicht gespenstisch.» Bei Fern-Transplantationen dagegen ist dem Arzt der Spender unbekannt, ja er bekommt ihn nicht einmal zu Gesicht: «Der Spender ist abgedeckt: Ich sehe nur das Herz.» Dort stören also keine menschlichen Regungen, man kann sachlich seine Arbeit tun. Statt des ganzen Menschen kommt nur noch ein einziges Teilchen in den Blick, und von diesem Einzelteil sagt Prof. Reicharts Kollege Ertel: «Der Körper ist tot, vollkommen tot. Es funktionieren nur noch eine Pumpe, das Herz, und zwei Filtriergeräte, die Nieren.» Von einem Menschen ist nicht mehr die Rede, nur noch von den Teilen einer Maschine.

Ich erinnere mich an Schulkameraden, die sich einen Sport daraus machten, guterhaltene Autos mit defektem Motor zum Autofriedhof zu bringen, dort ein defektes Auto des gleichen

Typs mit guterhaltenem Motor zu suchen und sich dann den guten Motor ins gute Auto zu setzen und den schlechten Motor zum Schrott zu werfen. «Ausschlachten» nannte man das damals. Selbstverständlich handelt es sich um einen ganz sachlichen Vorgang, gegen den moralisch nichts einzuwenden ist. Auch gegen den Herzaustausch ist ja zunächst nichts Entscheidendes einzuwenden, denn er geschieht offenkundig zum Wohle des notleidenden Patienten; der Spender erleidet keinen Schaden, er ist tot, und dem Empfänger wird das Leben verlängert. Man braucht aber die hier zugrunde liegende Denkform nur einige Schritte konsequent voranzutreiben und wird dann plötzlich erschrocken die menschenverachtende Gesinnung entdecken, die sich darin verbirgt.

An den jüngsten Errungenschaften der Medizin wird das offensichtlich. Die Wissenschaft ist heute in der Lage, menschliche Eizellen außerhalb des Uterus mit männlichen Spermien zu befruchten und anschließend zu implantieren. Daraus ergeben sich folgende Möglichkeiten:

1. Wenn eine Frau mit einer Erbkrankheit belastet ist, kann sie dennoch sorgenfrei Mutter werden, indem sie sich von einer anderen Frau deren Eizelle spenden läßt, die in vitro (im Reagenzglas) mit den Spermien ihres Mannes befruchtet und darauf in ihren Uterus gepflanzt wird. Sie wird dann ein gesundes Kind zur Welt bringen.

2. Wenn eine Frau ein Kind nicht austragen kann, steht es ihr frei, ihre eigene Eizelle in vitro von dem Ehemann befruchten und einer anderen Frau implantieren zu lassen, die dazu bereit ist. Das Verfahren wird bereits praktiziert und hat auch schon einen Namen: «Schoß-Leasing».

3. Die Befruchtung in vitro wird in naher Zukunft so eingerichtet werden können, daß auf Bestellung ein Junge oder ein Mädchen oder auch Zwillinge entstehen.

Ferner hat die Wissenschaft neuerdings die Möglichkeit, künstlich befruchtete menschliche Eizellen bei minus 196° Celsius tiefgekühlt für längere Zeit aufzubewahren. Vorausgesetzt, man legt sich gleich einen größeren Vorrat solcher eingefrorenen Eizellen zu, ergeben sich daraus folgende Anwendungen:

1. Der Zeitpunkt der Schwangerschaft kann beliebig gewählt werden, auch noch lange nach dem Tode des Ehemannes. Man braucht nur einen Keimling aufzutauen und einzupflanzen. Auch das ist schon praktiziert worden.

2. Medizinische Versuche, die bisher nur im Tierexperiment durchgeführt werden konnten, sind jetzt an menschlichen Embryonen möglich. Zur Begründung wird angeführt: «Studien zum Wohle der Menschheit können nur am Menschen durchgeführt werden.» Wozu das führen kann, hat sich in diesem Jahrhundert schon einmal gezeigt.

3. Die Immunreaktion des Körpers auf fremde Gewebe, die Organtransplantationen so schwierig macht, könnte elegant mit einem Schlag überwunden werden: Für das Retortenbaby wird von vornherein ein Vorrat gleicher befruchteter Eizellen als Reservematerial angelegt. Im Bedarfsfalle kann man dann eine davon aus der Gefrierbox holen, auftauen und reaktivieren, und was darauf folgt, beschreibt die Mediziner-Zeitschrift Medical Tribune vom 18. 3. 1983 so:

> *«Ein Zwilling wird gezüchtet. Niere raus,*
> *und der Rest kommt weg.»*

Es handelt sich um dieselbe technisch-rationale Denkweise wie bei der Herzverpflanzung! Doch nun spürt jeder, wie die versachlichte Leere des eiskalt-nüchternen Intellekts eine Gewalt in sich eingesogen hat, die unter der Maske eines Wohltäters der Menschheit alles Menschliche vernichten möchte.

Aber nicht nur als schneidend kalte, angsterregende Macht tritt uns das Böse hier entgegen, sondern auch noch in einer anderen, verführerisch glänzenden Gestalt: In dem persönlichen Stolz und der Eitelkeit der Forscher, die sich mit ihrem unerhörten technischen Können fühlen wie Gott. Wem fiele da nicht die uralte Paradiesesgeschichte ein? «Ihr werdet sein wie Gott, wissend das Gute und das Böse», sprach die Schlange, als sie Adam und Eva verführte, vom Baum der Erkenntnis zu essen. Unverhofft erschließt sich uns jetzt, warum es gerade die Schlange ist, die den paradiesischen Einklang von Mensch und Welt zerstört: Ist sie doch, mit dem Menschen verglichen, nichts weiter als Kopf und Wirbelsäule, also derjenige Teil des menschlichen Leibes, in dem das zentrale Nervensystem seinen Sitz hat, das die Grundlage abgibt für wache Sinneswahrnehmung und abstraktes Denken. Der Kopf, abstrahiert vom übrigen Menschen, bringt Adam und Eva die Frucht der Erkenntnis! (Auf mittelalterlichen Bildern wird die Schlange deshalb gelegentlich mit Menschenkopf dargestellt.) Damit begann der Sündenfall, andererseits aber auch die Entwicklung der eigenständigen menschlichen Denkerkraft und Wissenschaft, und die alten Völker würdigten das, indem sie die geistige Wesenheit, die im Bilde der Schlange den Menschen das Licht der Erkenntnis brachte, den Licht-Bringer nannten, lateinisch Luzifer.

Durch Luzifers Tat ist der Mensch heute tatsächlich geworden wie ein Gott: Er kann Leben künstlich zeugen, kann das Geschlecht des Keimlings bestimmen, kann in die Erbanlagen eingreifen und wird bald auch Körperbau und Charakteranlagen manipulieren können. Schon jetzt kann er Pflanzen und Tiere willkürlich verändern; z. B. wurden bereits rechteckige Tomaten gezüchtet (natürlich der rationelleren Verpackung wegen), und Tomaten mit Ketchup vom Strauch sind in Entwicklung. Am 24. Februar 1984 veröffentlichte *Die Zeit* ein Foto von einem neuen Tier, das durch Gentechnologie aus Schaf und Ziege zusammengesetzt wurde. Kein Wunder, daß der Biochemiker Sinsheimer in Kalifornien 1983 äußerte: «Von jetzt an werden Flora und Fauna dieser Erde mehr und mehr unsere eigene Schöpfung sein und damit in unserer Verantwortung liegen.»

Man darf also sagen: Der Vater der heutigen Wissenschaft ist Luzifer. Er ist aber zugleich der Vater jener schon besprochenen Illusion, die meint, im Denken mit dem Ich ganz anwesend zu sein, so daß alles Gedachte nur von uns selbst stammen könne, und wenn es mit guten Absichten gedacht sei, dann müsse auch das Ergebnis gut sein. Verführt durch diese Ich-Illusion bemerkt der Mensch nicht, daß in Wirklichkeit das vollmenschliche Ich sich mehr und mehr aus dem Denken herausgezogen hat. Und damit spielt nun Luzifer einer anderen Macht in die Hände, einem zweiten Widersacher, der der Menschheit seit Urzeiten als Partner und Gegenspieler des Luzifer bekannt ist. Er hat bei den Völkern verschiedene Namen: Die Griechen nannten ihn Diabolos, d. i. Verdreher, Verderber, Verleumder; die Hebräer Mephiztophel, d. i. Lügengott, Gott der Täuschung; die Perser nannten ihn Geist der Finsternis: Angrimainyush, woraus später «Ahriman» wurde. Mit den Namen ist sein Wesen bezeichnet: Seine Macht liegt darin, daß er im Finstern waltet. Gedeckt durch Luzifers Ich-Illusion schleicht er sich heimlich in das ich-entleerte Denken ein, haust darin und vermag uns über seine Anwesenheit zu täuschen. Er denkt in uns, und was er denkt, ist von so unglaublicher Intelligenz und Raffinesse, daß uns alles Böse zunächst als gut erscheint; erst in der Praxis erkennen wir, daß es Tod und Zerstörung bringt.

Es ist eine bittere Wahrheit, auf die wir da stoßen: Die zerstörerischen Kräfte, die Dämonen und Widersacher lauern nicht irgendwo in der Welt; sie stecken in unseren eigenen Köpfen, sie wirken durch uns selbst. Um ihre Macht zu erhalten, setzen sie alles daran, daß wir sie nicht bemerken, und es war wohl ein genialer Streich, als der Meister der Täuschung aufgeklärte Köpfe dazu brachte, das Böse für eine mythische Erfindung zu halten. Doch alles in der Welt hat seinen Ausgleich. Eine Macht gibt es, vor der der angsterregende ahrimanische Geist seinerseits die größte Angst hat, vor der er zittert, weil er nur zu gut weiß, daß sein Einfluß dahin ist, wenn der Mensch sich ihrer bewußt wird. Diese Macht ist – so merkwürdig das klingen mag – das menschliche Ich. Viele Menschen halten das eigene Ich nur für ein schwaches Flämmchen, das in der Welt nicht viel ausrichten könne. Sie ahnen nicht, daß es die einzige Macht ist, die Licht in die Finsternis der Täuschung bringen kann, ja sogar zum lodernden Feuer werden kann, das die Widersacher in Angst und

Schrecken versetzt. Jedes sich selbst entwickelnde Ich ist eine Weltmacht.

Aber wie können wir das glimmende Flämmchen unseres gegenwärtigen Ich im Denken zu einer Flamme werden lassen, die den ganzen Menschen mit Wärme und Begeisterung erfüllt? Wie können wir uns als Menschen in das Denken wieder so hineinstellen, daß die Gedanken nicht allein den Kopf beschäftigen, sondern auch das Herz und den Willen ergreifen, ohne darüber die Klarheit und Bewußtheit wissenschaftlichen Denkens zu verlieren?

Um einen Ansatz zu finden, müssen wir uns zunächst noch genauer mit der Natur des bisherigen Denkens bekannt machen. Ihre grandiosen Erfolge hat die moderne Wissenschaft vor allem dadurch errungen, daß sie konsequent eine einzige Methode verfolgt hat, nämlich die analytische. Analysieren heißt: Der naturgegebene Zusammenhang wird zerschnitten, indem die Ganzheit in ihre Bestandteile zerlegt und jedes Einzelteil für sich untersucht wird. Das analytische Verfahren ist vollkommen berechtigt und sachgemäß auf dem Gebiet, auf dem es auch ursprünglich entwickelt wurde, im Bereich der leblosen Stoffeswelt. Aus welchen chemischen Stoffen eine Substanz besteht, aus welchen Bausteinen die Materie zusammengesetzt ist, aus welchen Grundgesetzen sich die Vorgänge der Mechanik und Physik ergeben, das alles kann und darf analytisch untersucht werden. Wenn ich die Funktion einer Taschenuhr verstehen will, kann ich sie auseinandernehmen, die Wirkungsweise ihrer Einzelteile studieren und sie wieder zusammensetzen, ohne daß daraus ein Schaden entsteht.

Wendet man aber dieselbe Methode auf die Welt des Lebendigen an, dann kann das analytische Denken seiner eigenen Struktur nach nicht anders, als sie dadurch in sich aufzunehmen, daß es sie wie einen toten Stoff zerlegt, d. h. daß es den lebendigen Zusammenhang, den die Dinge in der Natur haben, zerstört. Anders gesagt: Es nimmt die Sinneswirklichkeit so in sich auf, daß es sie abtötet, sie zum Leichnam macht. Unser Denken hat in diesem Sinne Leichnam-Charakter, und das erklärt, warum das seelische Leben des Menschen sich nicht mehr mit dem Denken verbinden mag und sich aus der Tätigkeit des Kopfes herauszieht. Durch das alles beherrschende analytische Verfahren der modernen Wissenschaft haben wir uns daran gewöhnt, «Leichnam-Gedanken» zu haben, aus denen Seele und Geist des Menschen sich zurückgezogen haben. Solange sie im Menschen beschlossen bleiben, mögen sie folgenlos sein, werden sie aber nach außen gewendet, dann schaffen sie dort neben der natürlichen Welt eine künstliche zweite Welt voller materieller «Leichname».

Das zeigt sich schon am Beginn der Neuzeit, als die abendländische Menschheit das analytische Denken auszubilden begann, in charakteristischer Weise. In jener Zeit lebte Johannes Gutenberg, bekannt als Erfinder des Buchdrucks. Er war nicht der Erfinder der Druckkunst: Schon vor ihm kannte man das Verfahren, die Seite eines Buches in eine Holzplatte zu schnitzen und in der Art eines Stempels abzudrucken. Gutenbergs umwälzende Neuerung bestand darin, daß er die Ganzheit einer Buchseite in die einzelnen Buchstaben und Zeichen auflöste und für jedes Zeichen von einer Urform (Matrix) Metall-Lettern goß, aus denen dann jeder beliebige Text zusammengesetzt werden konnte. Kaum einer ahnte damals, welche tiefgreifende Veränderung der Weltgeschichte dadurch herbeigeführt wurde. Für den Mönch des Mittelalters war die Herstellung eines Buches Gottesdienst; jeder Buchstabe wurde mit Liebe und Sorgfalt, mit Hingabe und Andacht geschrieben, der ganze Mensch mit Leib, Seele und Geist beteiligte sich daran. Seit Gutenberg ist der ganze Mensch nur noch bei der Anfertigung der Matrix zugegen; die wird mit aller Sorgfalt und Liebe, mit persönlichem handwerklichem Stolz und künstlerischem Geschmack aufs beste verfertigt und ist dadurch mit dem Menschen verbunden. Werden hingegen von ihr die Lettern in unbegrenzter Zahl gegossen, handelt es sich um einen rein mechanischen Vorgang, den auch eine Maschine übernehmen kann. Die Abgüsse sehen dem Original zwar täuschend ähnlich, sind aber ohne jede Anteilnahme von Seele und Geist entstanden und insofern nur noch tote Abklatsche, «Leichname». Damit kam ein ganz neuer Zug in die Menschheitsgeschichte: die Massenproduktion. Es ist in keiner Weise verurteilend oder wertend gemeint, wenn ich sage: Unsere Welt ist heute überschwemmt mit Schrift- und Bild-Leichnamen aller Art. Wahrhaftig eine Revolution der gesamten Kultur!

Durch ein anderes analytisches Verfahren wurde die gesamte Wirtschaft der Neuzeit revolutioniert. Der englische Wirtschaftstheoretiker Adam Smith hat es klassisch demonstriert am Beispiel der Stecknadelherstellung. Er beschreibt einen Betrieb, in dem zehn Männer arbeitsteilig zusammenwirkten. Sie hatten den Herstellungsprozeß einer Stecknadel in 18 Einzelarbeiten aufgeteilt, und jeder von ihnen hatte sich auf einen oder zwei der 18 Arbeitsgänge spezialisiert, die er ausschließlich machte. Statt der 20 Nadeln, die ein einzelner Handwerker am Tage schaffen konnte, wenn er jede Nadel von Anfang bis Ende selbst fertigte, produzierten diese zehn Männer zusammen nicht 10 mal 20 = 200 Nadeln, sondern 48 000 pro Tag, das ist die 240 fache Menge. – Das war 1776. Schon bald darauf wurden solche Verfahrensweisen in allen Bereichen der Wirtschaft durch den Einsatz von Maschinen ins Gigantische gesteigert. Das Ergebnis sehen wir heute z. B. in der Halle 54 der VW-Werke in Wolfsburg als vollautomatische Produktion. Der Mensch zieht sich aus dem Herstellungsvorgang zurück, die Produkte entstehen ohne ihn. Unser alltäglicher Lebensraum ist inzwischen durchsetzt von solchen Leichnam-Produkten.

Sogar Denk- und Wahrnehmungsvorgänge werden vom Menschen getrennt und zur leblosen Sache gemacht. Bestimmte Gedankengänge, die ein einzelner Mensch unter Einsatz seines ganzen Könnens einmal mühevoll ersonnen hat, werden in eine Maschine programmiert und dann mit astronomischer Geschwindigkeit millionenfach reproduziert. (In Amerika werden z. Z. Computer entwickelt, die pro Sekunde 10 Milliarden Operationen ausführen sollen.) Längst haben wir begonnen, uns mit einer Welt von solchen Denkmaschinen zu umgeben. Ihnen wird nicht nur das «Nach-Denken» programmierter Gedankengänge überlassen, auch ein großer Teil lebenswichtiger Entscheidungen ist ihnen übertragen, beispielsweise die Überwachung des Luftraumes gegen feindliche Angriffe und das Auslösen eines Kriegsalarms. Nun ist aber das Fatale, daß Denkmaschinen nichts geheimhalten können; ihre streng formalisierte Arbeitsweise ist so vollkommen frei von individuellen menschlichen Besonderheiten, daß jeder noch so komplizierte Code, der computergerecht ersonnen wurde, mit Computerhilfe auch wieder entschlüsselt werden kann. Die Amerikaner sind gerade dabei, mit Schrecken zu entdecken, daß es einbruchsichere Codes auf Dauer nicht geben kann. Am 4. Dezember 1983 gelang es einem amerikanischen Forscherteam, mit Spezialcomputern einen auf Primfaktorenzerlegung beruhenden Code von 67 Ziffern zu knacken. Sie benötigten dazu 13 Stunden und 42 Minuten. 50stellige Codes werden schon in zwei Stunden geknackt. Die Konsequenzen sind bedrohlich: Feindliche Agenten könnten, so fürchtet man in Amerika, in das militärische Computernetz «schlafende Programme» einschleusen, von deren Existenz niemand wüßte, die aber im Kriegsfalle auf ein bestimmtes Signal hin das Netz in ein geplantes Chaos stürzen und sekundenschnell zusammenbrechen lassen würden. Auch Erpressungen größten Stils durch terroristische «Computer-Freaks» sind denkbar, ganz zu schweigen von der ohnehin schon weit verbreiteten Computerkriminalität.

Indes verblassen diese Gefahren vor einer anderen, die die ganze Menschheit in den Selbstmord zu treiben droht: Die Computer der Atomkriegseinsatzzentrale der USA signalisierten in 20 Monaten 147mal irrtümlich einen feindlichen Angriff, im Schnitt alle 4 Tage. Am 9. November 1979 wurde aus unerklärlicher Ursache ein Testband, auf dem der Angriff eines sowjetischen U-Bootes simuliert war, vom Computer als Echt-Fall auf den Bildschirm des US-Verteidigungskommandos Norad überspielt. Sechs Minuten lang bereiteten die Militärs den Atomkrieg vor, bis sich der Alarm als Fehlalarm erwies. Solche Pannen waren bisher noch aufzufangen, weil die Vorwarnzeit rund 30 Minuten beträgt, genug, um die Echtheit eines Alarms zu prüfen. In Mitteleuropa dagegen wird die Vorwarnzeit auf 2 bis 6 Minuten sinken, und dann hat man nur noch die Wahl, entweder den Alarm für echt zu halten und die eigenen Raketen abzuschießen (worauf der Gegner zurückschießt), oder ihn für unecht zu halten und zu riskieren, daß er vielleicht doch echt war. Beides läuft auf das gleiche hinaus: Tod und Zerstörung.

Die von uns selbst geschaffene Leichnam-Welt droht außer Kontrolle zu geraten; sie will uns überwältigen und zwingt uns, ohne daß wir es wollen, immer mehr in eine Sackgasse, an deren Ende die Katastrophe steht. Überblickt man die jüngste Entwicklung im ganzen, dann zeigt sich klar: Die Sache hat System, ein nahezu unentrinnbares, *Tod*-sicheres System. Aber wer hat das System erdacht? Welche Super-Intelligenz offenbart sich hier? Die Menschen pflegen zu sagen: «Das haben wir nicht gewollt!» Man sollte den Satz einmal ernstnehmen. Wenn wir es nicht gewollt haben und Zufall auszuschließen ist, dann hat es offenbar eine andere Macht gewollt, die über gewaltige Fähigkeiten verfügt. Es gehört schon sehr viel moderner Aberglaube dazu zu meinen, daß es diese Macht, die uns so handgreiflich attakkiert, nicht gibt, nur weil sie unsichtbar ist. Ebensogut könnte man das menschliche Ich für nichtexistent erklären, denn noch niemand hat ein Ich mit Augen sehen oder mit Apparaten messen können. Sehr wohl aber können wir die Taten des Ich mit Augen sehen, und so auch die Taten und Wirkungen des Bösen in unserer Zeit.

Wir werden dem Bösen nichts entgegenzustellen haben, wenn es uns nicht gelingt, die Neigung unseres Denkens, immerfort leichnamhaft zu werden und «Leichname» aus sich herauszusetzen, durch bewußte Schulung zu überwinden. Wie kann das geschehen?

Eine Art kopernikanische Wende muß herbeigeführt werden, indem wir die am analytischen Verfahren erübte Bewußtheit,

Klarheit und Exaktheit beibehalten, das Verfahren selbst aber umkehren und die untersuchte Einzelheit nicht aus ihrem Lebenszusammenhang herausreißen, sondern sie in die großen Lebenszusammenhänge der Welt einbetten. An einer Pflanze läßt sich das verdeutlichen. Geht man analytisch an sie heran, wird man alles messen, zählen, beschreiben und registrieren, was sinnlich wahrnehmbar an ihr zu finden ist, wird die Einzelteile zerpflücken und immer genauer studieren bis hin zu mikroskopisch kleinen Details. Dieser Weg führt vom Ganzen zum Teil. Man kann aber auch die unzerlegte Pflanze selbst als Teil eines größeren Ganzen zu verstehen suchen, indem man sie an ihrem natürlichen Standort beläßt und untersucht, welchen speziellen Zusammenhang sie hat mit den mineralischen Stoffen des Untergrundes, mit dem Wasser des Bodens und der Luft, mit der Wärme, mit dem Licht, den Rhythmen der Wärme und des Lichtes, den Rhythmen der Sonne und des Mondes, mit bestimmten Planetenkräften und Tierkreiswirkungen, mit benachbarten Pflanzen, umgebenden Tierarten usw. So entsteht ein immer differenzierteres Bild, auf welche besondere Weise die Kräfte des ganzen Kosmos in dieser Pflanze zusammenwirken, um sie zu dem unverwechselbaren spezifischen Wesen zu machen, das wir vor uns sehen. Alle genannten Zusammenhänge sind aber, wenn ich die Pflanze äußerlich anschaue, meinen Sinnen verborgen, sie sind im wörtlichen Sinne okkult. Indem ich sie erforsche, entsteht in mir eine innere Anschauung, und ich lerne die Pflanze zu begreifen als eine sinnliche Manifestation unsichtbarer Kräftezusammenhänge, als ein Stoff gewordenes Bild verborgener Tatsachen.

Das führt zu einer neuen Wissenschaftsgesinnung. Denn nun werde ich versuchen, die innere Anschauung von der Pflanze immer weiter zu steigern und zu verdichten, bis sich in dem Bilde das Wesen der Pflanze auszusprechen beginnt. Man könnte das ein anschauendes Denken oder ein denkendes Anschauen nennen, wie man es auch bei der Betrachtung eines Gemäldes betätigt, wo uns nicht eine chemische Analyse der Farben und der Leinwand zum Wesentlichen führt, sondern ein fortwährend erneuertes hellwaches Hinsehen, ein lebhaft empfindendes und zugleich geduldig abwartendes Schauen und Sinnen, Aufnehmen und Sich-Versenken. Die Erfahrungen, die man dabei macht, sprechen nicht allein das intellektuelle Denken an, sondern erfüllen auch das Gemüt und die tieferen Schichten des eigenen Wesens, ohne es an Exaktheit fehlen zu lassen. Goethe, der schon ein Meister des imaginierenden Denkens war, hat z. B. in seiner Farbenlehre nichts verzeichnet, wovon ein Physiker sagen könnte, es sei falsch beobachtet; und doch führt seine Betrachtungsweise zu einer ganz anderen Wissenschaft als der heute üblichen.

Das gleiche Verfahren kann auch auf Sätze und Gedanken angewendet werden, indem man einen weisheitsvollen Inhalt nicht nur begrifflich erfaßt und erledigt, sondern wie ein Bild vor sich hinstellt und immer intensiver erlebt, bis aus ihm eine unsichtbare Welt zu sprechen beginnt. Der Vorgang ist unter dem Namen Meditation weithin bekannt geworden, und daran zeigt sich, wie viele Menschen heute das neue, bildhafte Denken innerlich suchen, weil sie das sichere Gefühl haben, daß von ihm die wirksamste Gegenkraft zu den schon heranrollenden oder noch bevorstehenden Katastrophen der Gegenwart erhofft werden darf. Und so ist es auch. Nicht zufällig wird von den Widersachern seit Jahren mit kaum vorstellbarer Gründlichkeit und Systematik darauf hingearbeitet, das menschheitsgeschichtlich notwendige, bewußt errungene Bild-Erleben schon im Keime zu ersticken. (Mehr darüber im nächsten Vortrag.)

Wer die Waldorfschule kennt, weiß, wie dort auf bildhaften Unterricht größter Wert gelegt wird. Rudolf Steiner hat es den Lehrern immer wieder ans Herz gelegt, wie wichtig es sei, daß aller Unterricht von der ersten bis zur letzten Klasse in altersgemäßer Weise bildhaft gestaltet und mit Wahr-Bildern gesättigt sei. Warum? Wir sollen die Kinder nicht mit Gedankenleichen und Leichnamdenken vollstopfen, damit die Seele lebendig genug bleibt, um später einmal im Erwachsenenalter aus voller persönlicher Freiheit heraus dasjenige Denken ausbilden zu können, ohne das unsere Erde keine Zukunft haben wird: das lebenschaffende, lebenerhaltende Bild-Denken.

Zum Schluß möchte ich auf eine Frage eingehen, die vor allem junge Menschen bewegt, die Zweifel haben, was sie mit ihren schwachen Kräften überhaupt erreichen können. Sie sagen sich: Zu wissen, was wir für die Zukunft zu tun haben, ist gut; das Ziel steht uns vor Augen. Aber woher nehmen wir die Kraft, es zu verwirklichen? – Die Antwort ist paradox. Sie lautet: *Aus der Ohnmacht.* Der Verstand protestiert, denn aus Schwäche kann keine Stärke kommen, aus Ohnmacht keine Macht. Und doch verhält es sich so.

1983 haben zahlreiche Zeitgenossen plötzlich erkannt, worin die Ursünde unseres Denkens besteht: Jeder denkt nur an sich. Diese Selbstsucht ist ein Erbe Luzifers, und wir frönen ihr bis zum Exzeß. Dadurch öffnen wir, wie beschrieben, den Geistern der Täuschung die Bahn, und sie verrichten ihr Zerstörungswerk gründlich. Alle, die sich für die Erhaltung der Natur und Umwelt einsetzen, Laien wie Fachleute der Ökologie, haben aus der Erfahrung gelernt: Wenn wir wirklich aufbauend, lebenerhaltend und nicht zerstörerisch handeln wollen, dann müssen wir jeden noch so kleinen Eingriff in die Natur im Gesamtzusammenhang des Öko-Systems der Erde sehen. Wir müssen also ein synthetisierendes, ganzheitliches Denken erwerben, das unser kleines egoistisches Bewußtsein erweitert zu einem Erd- oder Weltbewußtsein. Und wenn wir auf der Erde handeln, sollten wir so handeln, daß wir uns verantwortlich fühlen für die gesamte Menschheit, die jetzige und die künftige. Unser persönliches Ich muß sich also erweitern zu einem umfassenden Menschheits-Ich.

Die Erweiterung geht jedoch zunächst durch ein Nadelöhr, und das ist die Ohnmacht. Wer sich bemüht, so groß und umfassend zu denken, daß er sich persönlich verantwortlich weiß für die gesamte Erde und die gesamte Menschheit, fühlt sich selbst immer kleiner werden und spürt eine grenzenlose Ohnmacht angesichts der ungeheuer großen Aufgabe, an der er zu zerbrechen glaubt. Doch die Ohnmacht auszuhalten ist von größter Wichtigkeit. Denn Luzifers Selbstsucht kennt keine Ohnmacht, und der ahrimanisch-eiskalte Intellekt kennt sie ebensowenig. Nur wer die Ohnmacht durchleidet, ist frei von beiden Widersachermächten. Freilich ist es eine höchst unbequeme, schmerzliche Freiheit, die als äußerste Einsamkeit und Gottverlassenheit erfahren wird. Aber in ihr liegt eine Weltenwende verborgen. Schon mancher hat die Erfahrung machen dürfen, daß er mitten in den dunkelsten Tiefen der Ohnmacht des eigenen Ich unerwartet erleben konnte: es gibt zwischen dem Geist der Selbstsucht und dem Geist der Finsternis noch eine dritte Macht, ein wirkliches, geistig-reales Menschheits-Ich, das für die Menschen in den Tod gegangen ist, allein im tiefsten Schmerz, und das für die ganze Menschheit den Tod überwunden hat zu neuem, höherem Leben. Diesem Wesen kann man nicht verfallen; es läßt völlig frei. Aber man kann sich in seinen Dienst stellen, und dann kann man in der Welt handeln als ein starkes Ich, und wird doch immer sagen müssen: Nicht ich, sondern das Menschheits-Ich in mir.

Geistige Hintergründe
der modernen Bildschirmtechnik

Das Leben auf der Erde ist bedroht. Schockierende neue Entdeckungen der Umweltforscher lehren uns, daß selbst dort Gefahren lauern, wo wir sie gar nicht vermutet hätten, z. B. bei der Verbrennung des Mülls (sie erzeugt Dioxin). Woher rührt aber eine so globale Bedrohung, die doch gewiß nicht beabsichtigt war? Mit dieser Frage beschäftigte sich die vorangegangene Betrachtung. Sie versuchte den Blick zu lenken auf die eigentümliche Doppelnatur des modernen wissenschaftlichen Denkens, die sich im Laufe der letzten Jahrhunderte herausgebildet hat:

Seit Galilei die Mathematik zum methodischen Leitbild der Naturwissenschaft erhob, haben sich Generationen von Forschern in strengster Schulung dazu erzogen, das eigene Subjekt aus der Arbeit zu eliminieren, damit nichts Persönliches sich hineinmischen kann und das Denken die höchstmögliche Objektivität, Exaktheit und Reproduzierbarkeit erlangt. Jeder weiß, welche großartigen Erfolge dadurch errungen werden konnten; die Technik eilte von Triumph zu Triumph, und zu Recht pocht die moderne Wissenschaft auf die Effizienz ihrer Methode, die so tief in die materiellen Verhältnisse der Erde einzugreifen vermag. Allmählich jedoch wird uns bewußt, welchen Preis wir dafür zahlen: Weil aus dem neuzeitlichen Denken alles Individuelle herausgenommen wurde, ist es leer geworden von dem, was den eigentlichen Menschen ausmacht, leer auch von jeglicher Verantwortung, und das führt dazu, daß wissenschaftliche Intelligenz mehr und mehr die Neigung entwickelt, unmenschlich zu werden und zerstörerisch zu wirken.

Inzwischen hat die Loslösung des Denkens vom Menschen schon so hohe Grade erreicht, daß Intelligenz zu einer verkäuflichen Sache gemacht werden kann: man übergibt sie an Maschinen. Computer verrichten jetzt, was bisher dem Menschen vorbehalten war; jedoch so, daß sich ihre Tätigkeit völlig unserer Wahrnehmung entzieht: Was ein Computer speichert, ist weit mehr, als unser Gedächtnis jemals fassen könnte, und wie die Prozesse in ihm ablaufen (bei neuesten Großrechnern 10 Milliarden pro Sekunde!), können wir nicht beobachten. Wir kennen nur Input und Output, und dazwischen liegt für unser Bewußtsein ein schwarzes Loch. Der Laie tröstet sich, wie immer bei technischen Geräten, mit dem Gedanken, daß es dafür ja Fachleute gebe, die genauestens wüßten, wie alles funktioniert. Doch dem ist nicht so. Von berufener Seite müssen wir uns sagen lassen, daß selbst die Fachleute nicht wissen, wie ein Computer funktioniert, sobald die Anlagen über eine bestimmte Größe hinausgehen. Der bekannte amerikanische Computerforscher *Joseph Weizenbaum* hat 1980 in einem vielbeachteten Interview mit der Zeitschrift «manager magazin» (7/1980) dieses Faktum publik gemacht: «Das milliardenschwere Kommunikationssystem des Pentagon ist kürzlich in den Vereinigten Staaten untersucht worden. Da wird zugegeben, es funktioniert kaum und, was viel schlimmer ist, niemand versteht es. Es kann nicht korrigiert, nur geflickt werden. Und dieses Flicken vertieft seine Undurchschaubarkeit.» – «Gehen Sie in irgendeine Bank und fragen Sie die Computer-Leute, wie gründlich diese Spezialisten ihre Systeme durchschauen. Ich habe selbst derartige Systeme erarbeitet und weiß, wie die Antwort ausfällt: überhaupt nicht.»

Damit nicht genug. Weizenbaum entdeckte, daß die undurchschauten Systeme Eigenleben gewinnen und sich zusehends verselbständigen: «Die Systeme werden nicht entworfen und rational hergestellt, sondern sie entwickeln sich langsam oder schnell in einem fast organischen Prozeß wie lebendige Wesen.» Wer genau liest, kann nur erschrecken über das, was hier konstatiert wird: Wenn Systeme sich fast *wie lebendige Wesen* entwickeln, ohne daß der Erbauer etwas davon in sie hineingelegt hätte, dann sind sie offensichtlich von einer anderen, außermenschlichen

Macht ergriffen, die in ihnen wirkt und durch sie ihre eigenen Zwecke verfolgt. Weizenbaum hat sich nicht gescheut, diese Macht genauer zu bezeichnen: «Wir haben uns in einen Faustschen Pakt begeben, ohne die Konsequenzen zu bedenken.» Zu spät, so meint er, bemerken wir jetzt, daß der Pakt irreversibel ist: «Diese Prozesse, sowohl in den neuesten Industrie- als auch Militärbereichen, sind unumkehrbar geworden, weil sie undurchschaubar sind.» Furchterregende Beispiele aus der jüngsten Vergangenheit lassen Weizenbaums tiefe Sorge nur zu berechtigt erscheinen, daß der Mensch immer weniger eingreifen kann und die Kontrolle schon fast verloren hat. Die Katastrophe scheint ihm nahezu unabwendbar, und so lautet seine düstere Zukunftsprognose: «Wir werden die nächsten 20 Jahre nicht überleben.»

Auf die Frage des Reporters, ob es keine Alternative gebe, antwortete er, daß er nur eine Möglichkeit sehe: «Wir sollten darauf verzichten, Systeme zu betreiben, die wir einfach nicht verstehen. Mir ist klar, dies würde den großen Fortschritt sehr, sehr verlangsamen. Wir müßten alle diese Systeme in Ruhe untersuchen und uns langsam herantasten, sie entweder zu verstehen und zu beherrschen oder abzuschaffen.» – Demnach wären Computerspezialisten die einzigen, die unsere Welt noch retten könnten? Wer von ihnen wäre bereit, eine so entsagungsvolle, vielleicht unmögliche Aufgabe durchzuführen?

Weizenbaums Antwort kann uns nicht befriedigen. Dennoch liegt in ihr ein richtiger Ansatz. Denn die Forderung, wir sollten Systeme, die wir benutzen, durchschauen, bedeutet, sie mit menschlichem Bewußtsein zu durchdringen, um so die gefährliche Ich-Leere aufzuheben. In bezug auf Computer dürfte das, wenn überhaupt, sicher nur hochbegabten Spezialisten möglich sein. Jedoch gibt es noch eine andere Art des Durchschauens, die der Ich-Leere in allen Bereichen entgegenwirken kann, ohne daß man dazu Fachmann sein müßte; sie verlangt nichts weiter, als mit geschärftem Blick in der eigenen Erfahrungswelt zu beobachten, was bestimmte Maschinen und Systeme auf die Dauer an

51

Natur und Umwelt bewirken, wie sie unsere Denkweise verändern, unser Verhalten beeinflussen, neue Situationen schaffen usw. Zu sehen, wohin die Entwicklung treibt und welche Tendenzen zutage treten, ist jedermann möglich. In diesem Sinne möchten die folgenden Ausführungen das Durchschauen bestimmter Vorgänge anregen, die zu unserem Alltag gehören und uns durch ihre scheinbare Harmlosigkeit über ihren wahren Charakter täuschen.

Die Deutsche Bundespost plant und betreibt seit einigen Jahren die flächendeckende «Verkabelung» der Bundesrepublik, die möglichst jeden Haushalt einbeziehen soll und den Benutzern eine größere Zahl von Fernsehprogrammen, bessere Bildqualität sowie die Anschlußmöglichkeit an das neue Bildschirmtext-System (Btx) verspricht. Zwei Arten von Kabelnetzen werden dazu benötigt. Das eine dient der Verteilung der Fernsehkanäle an die Empfänger und ist im Prinzip so aufgebaut, daß von einem Hauptstrang aus, in den alle Programme eingespeist werden, mehrere Seitenbahnen abgehen, die sich dann in immer kleinere Seitenäste verzweigen und schließlich bei den einzelnen Bildschirmen enden, vergleichbar mit einem Baum, der seinen Saft vom Stamm bis in die äußersten Äste und Wipfel verteilt. Die Techniker der Bundespost nennen deshalb dieses Verteilernetz

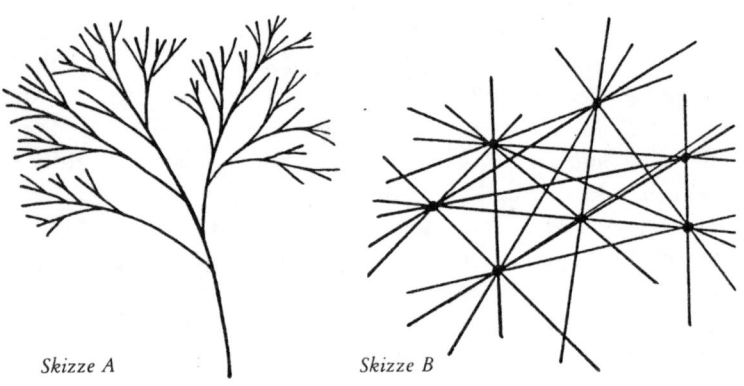

Skizze A

Skizze B

auch «Baum-Netz» (siehe Skizze A). Die Kabel selbst sind eher mit Nerven zu vergleichen, denen sie nicht nur in ihrer Anordnung ähnlich sehen, sondern auch in ihrer Funktion.

Neben dem Baumnetz wird ein zweites System verwendet, das die einzelnen Bildschirme untereinander verbindet und zusätzlich den Datenaustausch mit den verschiedensten Informationszentralen, Buchungscomputern etc. ermöglicht, so daß jeder Teilnehmer des Btx mit jedem anderen kommunizieren kann. (In der Praxis benutzt die Post dazu das schon vorhandene Fernsprechnetz.) Zeichnet man es schematisch auf (siehe Skizze B), ergibt sich ein ganz anderes Bild: Hier sind die Teilnehmer in einem dichten Geflecht direkt miteinander verknüpft, indem von jedem Punkt sternförmig nach allen Seiten Verbindungen ausgehen. Die Techniker sprechen daher vom «Stern-Netz». Wieder können wir uns an ein Nervensystem erinnert fühlen, doch steht es dem ersten polar gegenüber: Jenes besitzt ein eindeutiges Zentrum und verstrahlt von dort in die Peripherie, während dieses ein netzartiges Gewebe vieler kleiner Zentren bildet, die sich über die Fläche verteilen.

Beide Systeme sind auch im menschlichen Leibe zu finden. Das eine kennt der Anatom als das Zentrale Nervensystem, das zur Hauptsache im Gehirn und im Rückenmark lokalisiert ist und daher cerebro-spinales System genannt wird; es bildet die Grundlage für alle Vorgänge des wachen Bewußtseins, für Sinneswahrnehmung und Denken. Das andere System wird als das periphere oder sympathische bezeichnet und hat seinen Sitz vor allem im Unterleib, wo die Organe des Stoffwechsels arbeiten und die körperliche Kraft für jegliche Willenshandlung zur Verfügung stellen; dort sind wir tiefschlafend, denn von der Steuerung der Lebensprozesse durch die peripheren Nerven haben wir kein Bewußtsein. Nimmt man nun die Verbindung von Baumnetz und Sternnetz in den Anlagen der Bundespost als ein Abbild des in sich polar gegliederten menschlichen Nervensystems, dann erscheint uns die geplante Verkabelung ganzer Städte und Landstriche wie das ins Riesenhafte vergrößerte und über die

Erde ausgebreitete Nervensystem eines einzigen Menschen. Wessen Bewußtsein und Denken waltet aber in dem zentralen Baumnetz? Wessen Wille und Lebenskraft wirkt in dem peripheren Sternnetz?

Daß es unser Bewußtsein und unser Wille nicht sein kann, läßt sich unschwer beweisen. Die Firma AEG-Telefunken entwikkelte 1983 für die Bundespost die Glasfaser Bigfon, die pro Sekunde 280 Millionen Lichtimpulse übermitteln kann. Kurz darauf meldete der amerikanische Konzern Bell Telephone die Entwicklung eines Kabels mit 420 Millionen Impulsen; das entspricht dem Inhalt von 29 Brockhaus-Bänden, die in einer Sekunde übermittelt werden. Undenkbar, daß ein menschliches Ich an solchen Vorgängen beteiligt sein könnte. Wir bleiben prinzipiell davon ausgeschlossen.

Leere Nervenbahnen also? Der Anregung Weizenbaums folgend können wir beobachten, wie das quasimenschliche, ichentleerte System von einer anderen Macht ergriffen wird, die uns keineswegs freundlich gesonnen ist. Sie versteht sich meisterhaft zu tarnen als unser Freund und Diener («Service» genannt), der uns vorgaukelt, wir seien die Herrscher über das System, während in Wirklichkeit sie selbst darin waltet und die künstlichen Nervenbahnen nur dazu benutzt, einen schon lange vorbereiteten Anschlag auf den freien Willen des Menschen noch wirkungsvoller zu führen, einen Angriff, der das Ich lähmen und langsam auslöschen soll.

Um die Art und den Zeitpunkt des Angriffs zu verstehen, ist es notwendig, zunächst einen Blick zu werfen auf die Entwicklung der menschlichen Intelligenz, wie sie an Dokumenten und Zeugnissen ablesbar ist.

Heute hat jeder Mensch, der sein Denken betätigt, das Empfinden: Ich selber bin es, der die Gedanken hervorbringt, der sie ordnet und führt, prüft und verändert, bis das Gedachte als richtig erkannt ist; Gedanken sind folglich mein eigenes Werk. In früheren Zeiten empfand die Menschheit ganz anders. Sie sah sich überall in der Welt umgeben von den sichtbar gewordenen

Gedanken höherer Mächte, von der überragenden Weisheit der Götter, und wie man die Luft zum Atmen von außen einzieht, so empfing man auch die Kraft des Gedankens von außen als ein Geschenk der Götter. In der bildenden Kunst wird es anschaulich dargestellt. Man betrachte z. B. die Statue eines Pharaos, der auf dem Throne sitzt. Was ihm die königliche Würde verleiht, ist nicht die individuelle Prägung seiner Persönlichkeit, sondern die Tatsache, daß auf seiner Schulter der Horus-Falke sitzt, Bild einer Gottheit, die ihm ins Ohr flüstert; aus Inspirationen göttlicher Weisheit weiß der Herrscher das Rechte zu tun. Und wenn der Pharao des Nachts mit seiner Seele außerhalb des Leibes weilt, dann zeigen ihn die Bilder der Ägypter als einen kleinen Menschen, der vor dem riesengroßen Gotte steht und von ihm Belehrung erfährt. Wer sich selbst zu einem lauschenden Ohr machen konnte, das die Stimme der Gottheit vernahm, wer mit dem Gott von Angesicht zu Angesicht zu sprechen vermochte, der hatte die Berechtigung, König und Herrscher zu sein, denn durch ihn floß höhere Weisheit in das Leben der Menschen, eine Intelligenz, die kulturstiftend wirkte. Das Volk hatte nicht nötig, an die geistige Höhe des Herrschers blindlings zu glauben; sie erwies sich durch das, was er an praktischen Anweisungen für alle Bereiche des Staates, von der Technik und Architektur über Kunst und Wissenschaft bis hin zur Gesetzgebung und Sozialordnung, zu geben hatte. Im übrigen besaßen die alten Völker noch lange ein gewisses Maß an Hellsichtigkeit, so daß sie aus eigener Erfahrung von der Existenz der geistigen Welten wußten, aus denen die Priester und Könige ihr Wissen schöpften. Allerdings war ihnen der Zugang nur in einer abgeschwächten Form möglich: Sie nahmen wahr, daß hinter der physisch-sinnlichen Welt schöpferische Wesenheiten wirken, aber diese zeigten sich ihnen nicht unmittelbar, sondern in Form von geistigen Bildgestalten *(Imaginationen)*, entfernt vergleichbar mit heutigen Traumbildern, jedoch so eindeutig bestimmten Sinneserfahrungen zugeordnet, daß sie den Charakter echter Wahrnehmungen trugen. In zahllosen Mythen, Märchen und Geschichten haben diese imaginativen Wahrbilder alter Zeiten ihren Niederschlag gefunden.

Dann kam eine Zeit, in der das Hellsehen verblaßte. Ein Dokument dafür ist Homers Ilias: Noch wird in dem Epos selbstverständlich vorausgesetzt, daß an dem Kampf um Troja die Götter beteiligt sind; aber nur wenige Griechenführer erkennen den Gott oder die Göttin im Zwiegespräch; einige sehen die Gottheit in Menschengestalt vor sich, merken aber erst, wenn sie ihrem Blick schon entschwindet, daß es eine Gottheit war, und viele sehen sie gar nicht mehr. Die bis dahin entscheidende Fähigkeit eines Königs geht also verloren, und manche Stämme der Griechen zogen schon bald die Konsequenz und setzten sämtliche Könige ab. Jeder durfte und sollte nun selber erkennen, was für ihn das Richtige war, und so begann das Volk sich selbst zu regieren, die Demokratie entstand. *Karl Jaspers* hat diese Zeit die «Achsenzeit der Menschheit» genannt, in der die Kultur «vom Mythos zum Logos» überging, d. h. von einem bildhaft-imaginativen Wahrnehmen der Götter-Intelligenz zu einem bildlosen Eigendenken des Menschen. Erst jetzt, im 8. Jahrhundert vor Christus, begann die Bewußtseinsverfassung des rationalen, logischen Denkens, die uns heute so selbstverständlich ist, daß wir geneigt sind anzunehmen, die Menschheit habe sie schon immer besessen. Wie wenig selbstverständlich sie zu Anfang noch war und wieviel harter Arbeit es bedurfte, sie zu erwerben, lehrt die Geschichte des Ödipus. Das Rätsel der Sphinx «Was ist das? Morgens geht es auf vier Beinen, mittags auf zwei und abends auf drei», das keiner der Thebaner zu lösen vermochte, errät heute jedes Schulkind. Damals waren nur fortgeschrittene Geister wie Ödipus dazu in der Lage, und es dauerte mehr als zweitausend Jahre, bis die europäische Menschheit im ganzen die Fähigkeit des abstrakten Denkens vollkommen ausgebildet hatte.

Um 1200 nach Christus, in der Zeit der Scholastik, war es so weit, daß die Verstandeskraft, dialektisch geschult, als scharf geschliffenes Instrument zur Verfügung stand, das universell zu handhaben war. Da aber die allgemeine Kultur noch rückwärts gewandt auf die göttlichen Offenbarungen früherer Zeiten blickte, diente es vorerst der Theologie. Man erprobte das eigene Können, indem man beispielsweise die Existenz Gottes allein aus dem Denken zu beweisen versuchte. Wer aber braucht einen Gottesbeweis? Nur der, der Gott nicht wahrnehmen kann! Die jahrtausendealte Möglichkeit, aus eigener Anschauung von der göttlichen Welt etwas zu wissen, war also endgültig erloschen in dem Augenblick, wo die Kraft des selbständigen Denkens sich vollständig entwickelt hatte. Die Intelligenz, die früher von den Göttern geschenkt wurde, nahm der Mensch fortan in die eigene Hand, er war in die Freiheit entlassen.

Ab dem 15. Jahrhundert wurde die logisch geschulte Urteilskraft angewendet auf die Eroberung, Entdeckung und Erforschung der äußeren Welt, und damit begann der Siegeszug der Naturwissenschaft, Technik und Industrie, von dem eingangs gesprochen wurde. Heute stehen wir in einer neuen Achsenzeit: Mit unserer perfekt ausgebildeten Intelligenz sind wir dabei, die von den Göttern geschaffene Welt zu zerstören. Wir sehen unsere Verantwortung und spüren, daß ein vollkommen neues Denken erworben werden muß.

Blicken wir an diesem Punkt noch einmal zurück. Drei Stufen ergeben sich für die geschichtliche Betrachtung des menschlichen Denkens: In sehr frühen Zeiten nahmen die Menschen, wenn sie die Welt anschauten, noch etwas von der geistig-göttlichen Realität mit auf, so daß ihnen die Sinneswelt wie ein Schleier erschien, der selbst etwas Materielles war, durch den man aber hindurchblicken konnte auf eine andere Welt, die dahinter lag. Aus ihr empfing der Mensch die Intelligenz der höheren Mächte in Form von *Bildern*, die als Wahrnehmung *von außen* an ihn herandrangen. Allmählich zog sich das Bewußtsein, das anfangs (wie bei Kindern heute) noch ganz in die Außenwelt ausgebreitet war, immer mehr in den Menschen hinein, und zugleich wurde der Sinnesschleier immer undurchsichtiger, bis er keinen Blick mehr in die höheren Welten gestattete. Die Kraft des *bildlosen*

Denkens erwachte. Die Wahrnehmung der Sinneswelt aber, in der die schaffenden, lebenspendenden Götter nicht mehr zu sehen waren, mußte dem Menschen wie ein totes Bild erscheinen, und so zogen sich Fühlen und Wollen aus der Tätigkeit der Sinne und des Verstandes zurück, eine Kluft entstand zwischen Kopf und Herz, zwischen Wille und Verstand. Unsere Aufgabe ist es, das tote Abbild der Welt, das wir in uns tragen, durch freien Willensentschluß zu beleben, unser Fühlen und Wollen wieder mit dem Denken zu verbinden und dadurch die Kluft, die heute so unheilvoll wirkt, zu überwinden. Das ist nur möglich, wenn wir die lebensvollen Eindrücke, die uns von außen nicht mehr geschenkt werden, durch geistige Aktivität in unserem eigenen Inneren neu erringen, so daß wir durch selbstgeschaffene *innere Bilder* den Weg zurückfinden zu jener Welt, die einer früheren Menschheit durch äußere Wahrnehmung noch zugänglich war.

Im vorigen Aufsatz wurde am Beispiel der Pflanze ausgeführt, wie lebendige innere Anschauung in exakter Weise erarbeitet werden kann durch eine Erweiterung des Blickfeldes über die sinnlich sichtbaren Tatsachen hinaus auf die unsichtbaren Weltzusammenhänge, die sich in der Pflanze stofflich manifestieren. Das so entstandene Wesensbild läßt sich auf dem Übungswege der Meditation weiter und weiter vertiefen, bis es sich verdichtet zum Erlebnis einer geistig realen *Imagination*. Nicht wenige Menschen versuchen bereits, auf diesem Wege zu neuen, spirituellen Erfahrungen zu kommen. Aber auch diejenigen, die davon nichts wissen, empfinden eine wachsende Sehnsucht nach geistig wahren Bildern, die nicht vom Verstand ausgedacht sind, sondern aus tieferen Quellen schöpfen und den ganzen Menschen ergreifen. Wer die Bestseller-Listen verfolgt, weiß, daß seit 1982/83 die Nachfrage nach Büchern mit Mythen, Märchen, Sagen und Phantasiegeschichten sprunghaft gestiegen ist und bereits auf die Filmproduktion übergegriffen hat. Das alles sind Anzeichen für einen Bewußtseinswandel, der sich anzubahnen beginnt.

Jedoch nimmt die Entwicklung nicht einfach ihren Gang. Gewaltige Gegenkräfte treten auf und versuchen, das Neue schon im Keime zu ersticken. Es ist kein Zufall, daß zu demselben Zeitpunkt 1982/83, an dem der Bildhunger unübersehbar hervorbrach, plötzlich eine neue Technik auf den Markt zu drängen begann, die es nun ermöglicht, das Medium Bildschirm in erheblich größere Dimensionen auszuweiten: Gemeint sind die Videokassetten, Bildplatten, Videospiele, Btx, Kabelfernsehen, Homecomputer etc. Mit ihnen hat ein Krieg gegen das neue Bewußtsein begonnen, und es hängt für die Zukunft viel davon ab, daß wir durchschauen, mit welchen Waffen hier gekämpft wird. Betrachten wir einmal genauer, welcher Art die Bilder sind, die durch die Video-Technik erzeugt werden.

Die Gesamtheit eines Bildes als solche wiederzugeben ist der elektronischen Bildübermittlung unmöglich; sie bemächtigt sich der Totalität des Sinneseindruckes dadurch, daß sie ihn in eine Summe von Meßwerten auflöst, die einzeln verarbeitet werden (analytisches Verfahren!). Bei der Schwarzweiß-Wiedergabe geschieht das so: Die Aufnahmekamera zerlegt das Bild in 625 horizontale Zeilen, und jede Zeile wiederum in 750 Punkte, so daß ein Raster von 468 750 Punkten entsteht. Jeder einzelne Punkt hat einen bestimmten Helligkeitswert, den die Kamera abtastet und weiterleitet als Steuersignal für den Kathodenstrahl der Braunschen Röhre, der nun seinerseits auf der Mattscheibe Punkt für Punkt das Raster durchläuft und dabei jedesmal den übermittelten Helligkeitswert reproduziert. Mosaikartig zusammengefügt erwecken die verschieden hellen Punkte dann aus einiger Entfernung den Eindruck, als seien sie das unzerstörte Ganze des ursprünglichen Wahrnehmungsbildes.

Was draußen in der Realität einen lebensvollen Zusammenhang bildet, wird also zum Zwecke der Bildübermittlung zerhackt in fast eine halbe Million Einzelteile. In dieser Hinsicht verfährt die Bildschirmtechnik ähnlich wie die Drucktechnik mit ihren Rastermethoden, nur daß dort statische, hier bewegte Bilder erzeugt werden. Anders jedoch als ein gedrucktes Bild überlistet die Bildschirmtechnik den Betrachter nicht nur durch die dichtgedrängte Fülle winzig kleiner Punkte, die mit bloßem Auge kaum noch aufzulösen sind und daher fließend ineinander überzugehen scheinen; sie unterwirft das menschliche Auge darüber hinaus einer fundamentalen Täuschung, die unbewußt bleibt und den meisten Benutzern auch gar nicht bekannt ist, obwohl es sich um eine schlichte physikalische Tatsache handelt: Jeder nimmt selbstverständlich an, das Fernsehbild sei genau so, wie er es sieht, als ganzes Bild auf der Mattscheibe vorhanden und werde dort vom Auge wahrgenommen, ähnlich dem Kinobild auf der Leinwand. In Wirklichkeit ist das komplette Bild überhaupt nicht da; nur ein einziger, leuchtender Punkt blitzt auf, wo der Kathodenstrahl auf die Mattscheibe trifft, und der eilt in 625 Zeilen über den Schirm und schießt uns dabei alle 468 750 Helligkeitswerte der Reihe nach auf die Netzhaut. Schon nach ⅓₀ Sekunde hat er den Durchgang geschafft und beginnt von neuem. Solch rasender Geschwindigkeit kann das Auge nicht folgen, und so kommt es uns vor, als seien die *nacheinander* aufblitzenden Punkte alle *gleichzeitig* auf dem Schirm und bildeten dort ein Mosaik. Die nicht unerheblichen Nachleuchteffekte der Mattscheibe unterstützen zwar diesen Eindruck, ändern aber nichts an dem Faktum, daß es keinen Augenblick gibt, an dem das Mosaik jemals vollständig aufgebaut dastünde.

Das vom ersten bis zum letzten Rasterpunkt gestochen klare Gesamtbild, welches wir erblicken, entpuppt sich als Bild-Phantom, das nur in uns existiert, nicht draußen auf der Scheibe. (Auch die photographische Aufnahme des Fernsehbildes braucht für eine scharfe Wiedergabe ⅓₀ Sekunde, bis alle 468 750 Leuchtpunkte aufgezeichnet sind.) Da das Phantom jedoch von außen erzeugt wird, kann niemand es von echten Sinneseindrücken unterscheiden. Selbst wenn man von der Täuschung weiß, ist man gegen sie machtlos.

Für die Beurteilung des Mediums Bildschirm wäre es nun sehr wichtig zu wissen, wie unser Körper auf den Dauerkonsum derartiger Truggebilde reagiert. Merkwürdigerweise hat sich bis-

her weder die Wissenschaft noch die Öffentlichkeit um diese
Frage gekümmert. Viel ist schon diskutiert und geschrieben worden über die Qualität der Programme, über die Gestaltung der
Sendungen usw. Was aber der technische Vorgang der Bildübermittlung, unabhängig von ihrem Inhalt, physiologisch und psy-
chologisch im Menschen bewirkt, wurde noch kaum systema-
tisch erforscht. Das wenige, was vorliegt, scheint mir allerdings
schon erregend genug und soll hier kurz umrissen werden.

Man setze sich einmal vor eine eintönig graue Fläche, auf der
außer einem hellen Punkt nichts Auffälliges zu sehen ist. Zwingen wir das Auge, minutenlang unverwandt darauf zu blicken,
stellt sich schon bald ein Zustand ein, den jeder aus eigener
Erfahrung kennt: Anfangs versuchen wir noch zu fixieren, d. h.
wir richten unser volles Wachbewußtsein auf den Punkt, wo sich
die Augachsen kreuzen, lassen ihn wandern und tasten damit die
Fläche ab. Haben wir nach einigen Sekunden nichts gefunden,
was unser Interesse erregen könnte, erlahmt die Aktivität, der
Blick wird starr, die Augachsen kreuzen sich nicht mehr; wir
schauen zwar noch offenen Auges hinaus, doch das Bewußtsein
hat sich ins Innere zurückgezogen. Man nennt das Dösen, Halb-
schlaf, Tagträumen, Geistesabwesenheit, oder auch «Abschal-
ten», was die Sache durchaus trifft. – Genau derselbe Vorgang
stellt sich überraschenderweise auch vor dem Bildschirm ein.
Obwohl wir auf der Mattscheibe ein Bild zu sehen glauben, dem
wir unsere Aufmerksamkeit widmen, reagiert das Auge darauf
nicht anders als auf den Anblick einer leeren Fläche: Die akkom-
modierenden Ziliarmuskeln stellen ihre sonst so rege Tätigkeit
ein, das willentlich geführte Kreuzen der Augachsen unterbleibt,
der Blick geht ins Leere. Daraus ist zu ersehen, daß nur unser
Bewußtsein der Täuschung erliegt. Die physiologischen Prozesse
des Sehens hingegen lassen sich nicht betrügen; sie registrieren
wahrheitsgemäß, daß das eigentliche Bild nicht draußen, sondern
drinnen zu erleben ist, und stellen sich darauf ein. Die Art der
Bilderzeugung zwingt uns folglich auf rein physiologischem
Wege – und das heißt, mit einer Waffe, der wir bedingungslos

ausgeliefert sind — in eine schläfrig-dösende Haltung. Die Bilderfolge mag noch so interessant und spannend sein, wir mögen uns noch so wach und aktiv fühlen, das alles ändert nichts daran, daß wir körperlich in einen Zustand der Geistesabwesenheit versetzt werden. Wir empfangen die Bilder wie echte Sinneserlebnisse, sind aber unfähig, unser waches Sinnesbewußtsein auf sie zu richten, weil das Auge sie in der äußeren Welt vergebens sucht.

Es könnte eingewendet werden, der Bildschirm sei nicht mit einer leeren Fläche vergleichbar, denn der Leuchtpunkt bewege sich ja und halte dadurch das Interesse wach. Indes verläuft die Bewegung so rasend schnell und zugleich so monoton in immer gleichbleibender Ordnung, daß sie dem Auge als ein bedeutungsloses Flackern erscheinen muß. Exakte Forschung hätte daher zu untersuchen, wie das Auge auf so rasche und gleichmäßige Flackereffekte physiologisch reagiert. Dazu berichtet *Jerry Mander* in dem Buch «Schafft das Fernsehen ab» (deutsche Ausgabe 1979): «1975 wurde von einer Forschergruppe unter der Leitung der Psychologen *Merrelyn* und *Fred Emery* am Center for Continuing Education der Australian National University in Canberra eine Untersuchung abgeschlossen, die in Australien wie eine Bombe einschlug, aber in Amerika kaum zur Notiz genommen wurde.» Der Emery-Report kam zu dem Schluß, daß sich das Auge an «repetitive Lichtstimuli» gewöhnt und sie deshalb nach kurzer Zeit ignoriert, also als nichtexistent behandelt. «Wenn es zur Gewöhnung kommt, dann deshalb, weil sich das Gehirn entschieden hat, daß nichts Interessantes geschieht – zumindest nichts, auf das es Einfluß hätte –, und regelrecht aufhört, die hereinkommende Information zu verarbeiten. Insbesondere das allgemeine Integrationszentrum in der linken Hirnhälfte verfällt in einen Zustand der Untätigkeit.» (S. 198). Die Emerys schlossen daraus: «Fernsehen findet auf der Bewußtseinsebene des Schlafwandelns statt.» Das klingt wie Polemik, ist aber nichts als die nüchterne Beschreibung einer Realität, die sich neurophysiologisch nachweisen läßt.

Der Nachweis wurde erbracht, indem man Versuchspersonen vor dem Fernsehgerät ein Elektro-Encephalogramm (EEG) abnahm, das den Verlauf der Gehirnströme vor, während und nach dem Fernsehen festhielt. Die Auswertung der Meßkurven ergab, daß die anfangs noch rege Aktivität der Gehirnwellen bei allen Probanden, Kindern wie Erwachsenen, drastisch zurückging, sobald das Bilder-Sehen begann. Die für den Wachzustand charakteristischen Betawellen verschwanden, statt dessen breiteten sich die wesentlich langsameren Alphawellen aus, und sie beherrschten das EEG, wenn auch allmählich träger werdend, solange das Auge der Mattscheibe zugewendet blieb. Ob die Sendung mit lebhaftem Interesse oder gleichgültig aufgenommen wurde, spielte kaum eine Rolle, die Verlangsamung zum «Alpha-Zustand» trat in jedem Falle ein. Sie ist demnach nicht als Reaktion auf den Inhalt der Bilder zu deuten, sondern als naturgesetzliche Antwort des Gehirns auf den technischen Vorgang der Bilderzeugung durch das Gerät; sie gilt dem Medium als solchem.

Was aber sagt der Alpha-Zustand über die Bewußtseinsverfassung der Testperson aus? Alpharhythmen kannte die Neurologie zuvor schon aus herkömmlichen Untersuchungen, jedoch traten sie dort unter ganz anderen Umständen auf als vor dem Fernsehgerät, und das verdient besondere Beachtung. Bei einem Probanden, der sich unter normalen Bedingungen wach in einem Behandlungsraum befindet, gibt es keinen Alphazustand bei geöffneten Augen. Erst wenn er sie schließt, verschwinden fast schlagartig die Betawellen, Alphawellen treten an ihre Stelle und behaupten sich, solange die Augen geschlossen bleiben. Sie signalisieren, daß der Mensch sein Bewußtsein nach innen richtet und sich nicht mehr im Sinnesraum orientiert. Hält der Proband indessen die Augen für längere Zeit geschlossen und schläft allmählich ein, verlangsamen sich die Alphawellen und verschwinden schließlich ganz, noch bevor der Schlaf erreicht ist. Werden in diesem Moment, kurz vor dem endgültigen Einschlafen, die Augen noch einmal geöffnet, geschieht etwas Überraschendes: Statt der zu erwartenden Betawellen treten im EEG Alphawellen auf. Das Lehrbuch der Neurologie von Marco Mumenthaler (Thieme Verlag Stuttgart) berichtet darüber: «Im Schlaf werden zunächst die normalen Alphawellen durch niedervoltige Wellen ersetzt. Diese ersteren treten aber wider Erwarten in der Phase des Eindösens beim Augenöffnen wieder auf.» Der Verfasser registriert das als eine Kuriosität am Rande und scheint nicht zu bemerken, daß er damit zugleich die neurologischen Grundlagen des Fernsehens umreißt. Was er beschreibt als den letzten, schlaftrunkenen Blick eines Müden, der bald darauf in die Bewußtlosigkeit des Schlafes versinkt, gilt analog für den Blick auf die Mattscheibe: hier wie dort treten Alphawellen bei geöffnetem Auge auf. Jerry Mander behauptet daher zu Recht: «Fernsehen ist Schlafschule.»

Während jedoch im gewöhnlichen Leben die Alpharhythmen zeitlich begrenzt im Übergang vom Wachen zum Schlafen erscheinen, werden sie vor dem Bildschirm zu einem ausgeprägten Dauerzustand, für den sich in der Neurologie sonst keine Parallele fand. Nur von einem einzigen Sonderfall menschlichen Verhaltens kannte die Forschung vor dem Emery-Report einen derartig anhaltenden Alphazustand: von einem Menschen, der meditiert. Die weltweit verbreitete Bewegung der *Transzendentalen Meditation* (TM) machte damit sogar Reklame: In einer Werbebroschüre «Wissenschaftliche Untersuchungen über Transzendentale Meditation» der Maharishi International University von 1972 wurde mit Schaubildern und einschlägiger Literatur hingewiesen auf die Verlangsamung der Gehirnwellen zu stabilen «8–9–Hz–Wellen» (= Alphawellen), die sich beim Meditierenden einstelle und die «ruhevolle Wachheit» seiner Seele dokumentiere, Beweis also für die tiefgreifende Wirkung von TM auf den Menschen. Wir müssen heute sagen: Was da eine Meditationsschule als Erfolg für sich in Anspruch nimmt, das erreicht das Fernsehen ohne jede Vorbereitung tagtäglich bei Millionen von Menschen.

Diese scheinbare Paradoxie, von den Neurologen beiläufig

entdeckt, sollte uns aufhorchen lassen. Sie macht einen Zusammenhang offenbar zwischen Fernsehen und Meditation, der sich nicht nur auf die physiologischen Symptome erstreckt, sondern sich auch in der Art des Erlebens und der psychischen Wirkung aufzeigen läßt. Bietet nämlich das Fernsehen in einem schlafähnlichen Zustand des Körpers, wie beschrieben, Bilder, die nur im Inneren des Betrachters entstehen und gleichwohl als Vermittler von Wahrheit, von Realitäten außerhalb des Subjekts, erlebt und gewürdigt werden, so entspricht das recht auffällig dem Zustand des Meditierenden, der die Tätigkeit seiner Sinne einstellt, das Bewußtsein ganz nach innen richtet und dort in seiner Seele um Bilderlebnisse ringt, die ihm, obwohl sie ausschließlich seinem Inneren angehören, Kunde geben können von einer Wirklichkeit außerhalb des eigenen Selbst. In beiden Fällen haben diese Bilder die Kraft, in tiefere Schichten der Seele zu dringen. Die meditativ errungenen Bilder schlagen zwischen Denken und Fühlen, zwischen Herz und Verstand eine Brücke und ergreifen den Menschen bis in die Untergründe seines Wesens. Auch die vom Televisionsgerät ausgehenden Bilder wirken tief ins Unterbewußtsein hinein, tiefer, als die meisten Benutzer vermuten. Indessen geschieht das in einer besonderen Weise: Aus zahlreichen Untersuchungen an Fernsehzuschauern geht eindeutig hervor, daß nur ein geringer Prozentsatz des vom Auge aufgenommenen Bildmaterials vom Bewußtsein verarbeitet wird; der weitaus größere Teil versinkt sofort in Regionen unterhalb der Bewußtseinsschwelle. Jerry Mander beschreibt den Vorgang in der Sprache der Fachwissenschaft folgendermaßen: «Die linke Gehirnhälfte ..., in der Sprache, Kommunikationsfähigkeit, kognitives Denken – Verstand und Einsicht – beheimatet sind, ... verfällt in einen Zustand der Untätigkeit. ... Die rechte Gehirnhälfte, die sich mit den subjektiveren kognitiven Prozessen befaßt – Traumbildern, Phantasie, Intuition –, nimmt dabei die Fernsehbilder weiter auf. Aber weil die Brücke zwischen der linken und der rechten Hälfte des Gehirns effektiv unterbrochen ist, ist alle Verarbeitung – die Bewußtmachung des unbewußten

Materials und seine Verwertbarmachung – unmöglich. Die Information gelangt zwar ins Gehirn, aber nachdenken oder sich leicht an sie erinnern kann man nicht» (S. 198). Fordert man einen Zuschauer auf, nach einem Abend vor der Mattscheibe detailliert zu berichten, was er gesehen habe, so stellt sich heraus, daß selbst ein hochgebildeter Mensch nur einen Bruchteil dessen erinnern kann, was er faktisch gesehen hat. Schon das ist bedenklich genug; noch gravierender erscheint mir, daß die Versuchspersonen selbst in der Regel vom Gegenteil überzeugt sind. Wurde ihnen der Test vorher angekündigt, fühlen sie sich nach Ablauf der Sendung ganz sicher, mit verdoppelter Wachsamkeit alles genau verfolgt zu haben, und halten es für ausgeschlossen, daß ihnen Wesentliches entgangen sei. Dessen ungeachtet sind sie objektiv nicht in der Lage, auch nur die Hälfte der gesehenen Bilder und Informationen aus dem Gedächtnis heraufzurufen. Das Ich gibt sich also der Illusion hin, alles in der Kontrolle zu haben, und in Wirklichkeit gleitet das meiste am kontrollierenden Wachbewußtsein vorbei in unterbewußte Tiefen der Seele – eine moderne Form von Magie, der sich keiner entziehen kann, wie groß oder klein seine intellektuellen Fähigkeiten auch seien. Was die unbewußten Bilder in der Seele bewirken, darüber kann man mangels wissenschaftlicher Untersuchungen vorläufig nur Vermutungen hegen.

Über eines aber können wir schon jetzt volle Klarheit gewinnen: Fernsehen ist eine Pseudo-Meditation, das Zerrbild jener methodisch geschulten geisteswissenschaftlichen Meditation, von der in diesen Vorträgen gesprochen wurde; es trägt zum Schein deren Züge und verkehrt sie in Wirklichkeit in ihr Gegenteil. Die wahren, lebendigen, inneren Bilder, nach denen die Menschen sich aus den Notwendigkeiten der Gegenwart heraus im Tiefsten sehnen und die sie eigentlich mit den Augen des Geistes in ihrer Seele erleben möchten, ohne es schon zu können, blitzt ihnen der Kathodenstrahl bequem ins sinnliche Auge. Anstelle von gesteigerter Aktivität des Ich erzwingt das Fernsehen Passivität; statt geistige Wahrnehmungsorgane zu wecken, die höhere Welten erschließen, dämpft es die Wachheit der Seele gewaltsam herab und bindet das Bewußtsein an die materielle Welt. Nicht aus eigener, frei gewollter Tätigkeit entstehen die Bilder, sie werden von außen hereingeschossen. Um sie zu empfangen, müssen wir die Augen auf die Mattscheibe richten, als könnten wir dort etwas sehen, und das veranlaßt das Ich, wie bei jeder anderen Sinneswahrnehmung, sich voller Interesse und Aktivität nach außen zu wenden. Auf dem Bildschirm findet es aber nichts von Bedeutung, und so möchten wir uns abwenden, um andere Eindrücke zu suchen; dann jedoch erlischt die Wahrnehmung der Fernsehbilder, und wir zwingen das Auge zurück zu dem flackernden Lichtpunkt des Kathodenstrahls. Infolgedessen bleibt das Ich an den Sinnesraum gefesselt, während im Inneren ohne seine Anwesenheit und Kontrolle Bilder über Bilder in die Seele fließen. Man bedenke: Ein «kaltgestelltes» Ich, zur Untätigkeit verurteilt, und eine außengesteuerte Seele, deren Erleben am Kathodenstrahl hängt wie die Marionette am Faden – das ist die Situation des Fernsehkonsumenten!

Mancher wird das für einseitig überzeichnet halten. Doch sprechen die Forschungsergebnisse gerade an diesem Punkt eine deutliche Sprache. Wer sie unvoreingenommen prüft, wird nicht umhin können festzustellen, daß die Initiativkräfte des Ich, die allein schon durch den technischen Vorgang der Bilderzeugung gelähmt werden, durch häufiges Fernsehen verkümmern, wie ein Muskel, der durch mangelnde Betätigung atrophiert. Wird das tägliche Sitzen vor dem Bildschirm zur Gewohnheit (wie es für Millionen schon der Fall ist), dann wird auch der Zustand der Ich-Lähmung zur Gewohnheit.

Erst wenn man sich diese Wirkung des Massenmediums Fernsehen vergegenwärtigt, begreift man die oft unfaßbare Verschlafenheit der Zeitgenossen gegenüber brennenden Problemen der Gegenwart. Ein Beispiel möge hier für viele andere stehen. Am 20. November 1983 sollte im amerikanischen Fernsehen der Film «The Day After» gezeigt werden, der die Schreckensereignisse während und nach einem Atombombenangriff auf das Gebiet der

USA darzustellen versucht. Die Regierung befürchtete, der Anblick von Menschen, Tieren und Gebäuden, die im Atomblitz verglühen, könnte die Öffentlichkeit aufschrecken und zu einer vehementen Protestbewegung veranlassen gegen die erklärte Politik des Präsidenten, man müsse sich auf einen möglichen Atomkrieg einrichten und dafür Sorge tragen, daß er für Amerika machbar und gewinnbar sei. Sie ließ sich deshalb die Sendezeit unmittelbar nach Ende des Films einräumen und schickte den Außenminister George Shultz vor die Kamera, der in seiner biederen, vertrauenerweckenden Art folgende Erklärung abgab (laut Spiegel 48/1983): Was man soeben gesehen habe, sei «ganz gewiß nicht das Bild der Zukunft. Der Film ist ein anschaulicher und dramatischer Beweis dafür, daß ein Atomkrieg einfach nicht akzeptabel ist». Genau diese Überzeugung aber habe die Reagan-Regierung vom ersten Amtstag an in allen Entscheidungen geleitet. – Verglichen mit den Tatsachen eine dreiste Lüge! Nach Hochrechnungen der Sendeanstalten hatten 62 Prozent der 83,8 Millionen TV-Haushalte das Programm eingeschaltet, so daß vermutlich 80 Millionen Amerikaner den Film und die Shultz-Erklärung empfangen haben. Doch nichts geschah, kein Aufschrei der Empörung ging durch das Land, kein lautstarker Protest erhob sich, es blieb nahezu still. Selbst die Regierung war von ihrem Erfolg verblüfft. Es braucht nicht weiter ausgemalt zu werden, was für Möglichkeiten politischer Manipulation sich hier auftun.

Die abstumpfende, passiv machende Wirkung des Fernsehens ist der Forschung inzwischen durch vielfältige Untersuchungsresultate bekannt. Immer mehr Veröffentlichungen weisen warnend darauf hin. Dennoch hat die Benutzung des Bildschirms nicht nachgelassen. Im Gegenteil: Kaum regten sich in der Öffentlichkeit erste Anzeichen für ein kritisches Verhältnis gegenüber dem Medium, hielt die Industrie schon die passende Antwort bereit. Sie begann eine Serie neuer Varianten auf den Markt zu werfen, bei denen das Problem des rein passiven Konsumierens zum Schein überwunden ist: Kabelfernsehen und Btx fördern den mündigen Bürger, der sich aus der Fülle des Angebots kritisch prüfend sein eigenes Programm zusammenstellt. Video-Kassetten machen es möglich, Filme eigener Wahl zu kaufen oder zu leihen, Programme aufzunehmen und zu beliebiger Zeit abzuspielen, wobei man wie bei einem Buch den Ablauf anhalten, zurückblenden oder auch vorgreifen kann, ganz nach den individuellen Bedürfnissen. Ähnliches gilt für die mit Laserstrahl abgetasteten Bildplatten. Videospiele fordern blitzschnelles Reagieren heraus und somit höchste Aktivität. Wer anspruchsvollere Tätigkeit wünscht, kann sich mit einem Homecomputer plagen oder wird am Arbeitsplatz mit Bildschirmgeräten konfrontiert. – So verschieden die Geräte sind, alle haben denselben Effekt: Sie verlängern die Zeit, die vor dem Bildschirm zugebracht wird. Gleichgültig, was auf ihm erscheint, in jedem Fall übt er die beschriebene Wirkung aus, und das bedeutet: Die Ausweitung der Bildschirmbenutzung führt unweigerlich zu stärkerer Gewöhnung an den Zustand der Ich-Lähmung. Statt ich-gestalteter Zukunft durch Umwandlung des Denkens wird eine maschinengestaltete Zukunft in Gang gesetzt, bei der das einzelne Ich lediglich Massen-Ich sein kann, roboterhaft vom Kathodenstrahl dirigiert.

Dabei ist zu berücksichtigen, daß wir nicht am Ende einer Entwicklung stehen, sondern erst an ihrem Beginn. Der Fortschritt der Elektronik geht weiter und weiter, und was zunächst noch *für* den Menschen geschaffen schien, entwickelt sich zu einem Instrument, das immer besser *gegen* den Menschen verwendet werden kann. Nicht zufällig sind es häufig kriminalistische Zielvorstellungen, die die Entwicklung vorantreiben. Zur Zeit wird daran gearbeitet, mit Hilfe einer Video-Kamera die Licht- und Schattenverhältnisse eines menschlichen Gesichtes umzusetzen in eine Folge von Zahlproportionen, die im Zentralcomputer des Bundeskriminalamtes gespeichert und zur Fahndung eingesetzt werden könnten, indem man etwa bei Demonstrationen die einzelnen Gesichter per Videokamera mit dem polizeilichen Datenmaterial abgleicht und gegebenenfalls zur

Verhaftung schreitet; alle anderen Gesichter werden mit Zeit- und Ortsangabe gespeichert und stehen für künftige Vergleiche bereit. Auch für die menschliche Stimme wird ein solches Digitalisierungsverfahren erarbeitet, mit dem die feineren individuellen Färbungen in Zahlenverhältnissen festgehalten werden können. So wird, was am Menschen das Individuelle ist, zu einer bloßen Nummer herabgedrückt. Die in Vorbereitung befindlichen computergerechten Personalausweise werden uns nicht anders behandeln; zwar enthalten sie noch ein Lichtbild, aber für den Computer zählt allein die Kombination von Ziffern und Buchstaben, die darunter steht; sie ist gespeichert, sie wird registriert, wo immer eine Kontrolle stattfindet. Bereits diese Beispiele zeigen, daß es ein Orwell-Staat heute nicht schwer hätte, sich zu etablieren. Schon sind zahlreiche Verkehrsflächen in aller Welt, Flugplätze, Bahnhöfe, Kaufhäuser, öffentliche Plätze, Kreuzungen usw. videoüberwacht. Schon steht die notwendige Technik bereit für eine automatische Videoüberwachung, die auf ganz bestimmte Autoumrisse, Gesichter oder Gestalten reagiert und sie selbständig auf Band nimmt, oder für eine automatische Telefonüberwachung, die sich beim Erklingen bestimmter Wörter oder Wortkombinationen einschaltet und alles folgende mitschneidet.

Man sollte sich nicht darauf verlassen, daß derartige Praktiken am Widerstand der Öffentlichkeit scheitern werden, denn es gibt eine Hintertüre, durch die sie trotz aller Proteste jederzeit in unsere Gesellschaft Eingang finden könnten. Werden nämlich in größerem Umfang nukleare Brennmaterialien für die Energiegewinnung eingesetzt, wird die Bevölkerung im eigenen Interesse rigorose Kontrollen hinnehmen müssen, weil ein wirksamer Schutz gegen Sabotage an Kernkraftwerken und gegen atomare Erpressung durch Terroristen nur prophylaktisch möglich ist, d. h. durch perfekte Überwachung des beteiligten Personals und des gesamten Umkreises seiner Kontaktpersonen. Auf diesen Zusammenhang zwischen Kernenergie und Überwachungsstaat hat kürzlich *Alexander Roßnagel* mit dem Buch «Bedroht die

Kernenergie unsere Freiheit» (Beck-Verlag) aufmerksam gemacht. – Eine weitere Gefahr könnte sich in Zukunft aus der wachsenden Arbeitslosigkeit ergeben. Im Herbst 1983 fand in Karlsruhe die 8. Weltkonferenz über künstliche Intelligenz statt, auf der Fachleute äußerten, durch ihre neue Technik könne es in manchen Bereichen künftig bis zu 80 % Massenarbeitslosigkeit geben. Der Berichterstatter des «Spektrum der Wissenschaft» (Oktober 1983) bemerkte dazu lapidar: «Aktivitätsabsorbierendes Gerät könnte eine sonst beschäftigungslose Gesellschaft stabilisieren.» *Aktivitätsabsorbierendes Gerät:* entlarvender könnte der neue Videomarkt kaum bezeichnet werden.

Abschließend sei noch auf zwei andere Entwicklungstendenzen hingewiesen, die sich seit kurzem abzuzeichnen beginnen. Benutzer von Videokassetten-Geräten spielen aufgezeichnete Sendungen oder aus einer Videothek entliehene Filme, Umfragen zufolge, nicht an Stelle des laufenden Fernsehprogramms ab, sondern zusätzlich zu ihm, so daß sich das Sitzen vor dem Bildschirm verlängert statt verkürzt. Treten dann noch Homecomputer, Videospiele und das Bildschirmtextsystem der Bundespost hinzu, verschlingt das Videovergnügen so viel Zeit, daß dem Betrachter mehr und mehr die Möglichkeit und auch der Anreiz genommen wird, sich originale Sinneserfahrungen von der Welt zu verschaffen. Eine künstliche Welt nimmt ihn gefangen und füttert ihn mit «Leben» aus zweiter Hand. Schon kann man mit Hilfe von Btx, im bequemen Sessel liegend, die Welt zu sich ins Wohnzimmer rufen, kann Urlaubsorte im Film betrachten und bei Gefallen buchen, kann «Briefe» auf dem Bildschirm empfangen und eigene Mitteilungen absenden, kann die Dienstleistungen der Informationszentralen in Anspruch nehmen, über sein Bankkonto verfügen, die Katalogseiten eines Versandhauses auf den Schirm befehlen und das Gewünschte per Knopfdruck bestellen – alles, ohne einem einzigen Menschen zu begegnen, ohne irgendeinen Ausschnitt der Wirklichkeit mit eigenen Augen wahrzunehmen. Sollte jedoch ein Gespräch mit Menschen aus beruflichen oder privaten Gründen ausdrücklich erwünscht sein, weiß die Technik auch dies zu vermitteln: Die Bundespost will in einigen Jahren das Video-Telefon anbieten, dessen besonderen Vorzug sie schon jetzt darin sieht, daß z. B. Politiker oder sicherheitsgefährdete Top-Manager daheim im sicheren «Bunker» sitzend sich mit den Geschäftspartnern in Übersee zu einer Konferenz verbinden lassen können; Reisen und Gespräche von Mensch zu Mensch sind nicht mehr nötig. Da sitzt dann also ein jeder in perfekter Isolierung von der Außenwelt – eine Situation, die man im Gefängnis als Isolationshaft und psychische Folter bezeichnen würde – und glaubt sich als ein freier Mensch mit der ganzen Welt verbunden. Die Entwicklung der Bildschirmtechnik treibt weiter und weiter zu solchen Wirklichkeitssurrogaten, wie die folgende Meldung belegt: Die Firma Atari, bekannt als Hersteller von Videospielen, arbeitet unter dem Projektnamen *Knoesphere* an einem computergesteuerten Sehfeldsimulator, der in etwa zehn Jahren Reisen ohne Reise möglich machen soll: Der Reiselustige läßt sich im Sessel nieder, zieht Spezialhandschuhe an, die ihm auf elektronischem Wege vermeintliche Tastwahrnehmungen zuspielen, und streift sich eine Haube über den Kopf, die ihn von allen Eindrücken der Außenwelt abschneidet. In räumlich-plastischer 3-D-Wahrnehmung erfreut ihn dann eine farbenprächtige Pseudowelt, in der er sich nach Belieben umsehen kann, Reisebegleiter stellen sich ihm vor, er kann wählen und besondere Wünsche angeben und besteigt mit ihm oder ihr ein Raumschiff, dessen Ziel im All er selbst bestimmt. Der steuernde Supercomputer ist mit sämtlichen bisher bekannten Daten und Fakten über unser Planetensystem programmiert und vermag daher dem staunenden Auge z. B. eine Reise zum Jupiter vorzugaukeln, wie man sie tatsächlich erleben würde, wenn man mit einem wirklichen Raumschiff am Mond vorbei durch das wirkliche Weltall fliegen würde. Überwältigt von so perfekter Illusion glaubt der Benutzer das triste Erden-Einerlei hinter sich zu lassen, schwingt sich frei und schwerelos in die Sternenwelt, unbegrenzt in seinen Möglichkeiten, das Bewußtsein in den Kosmos erweiternd . . . und sitzt doch nur im Fernsehsessel, eingekerkert in seinen Leib, absorbiert von maschinenerzeugtem Sinnentrug, ohne Interesse für die reale Welt.

Aber nicht nur die eigene Sinneserfahrung wird dem Menschen solcherart geraubt; es scheint, daß er durch den vermehrten Einsatz von künstlicher Intelligenz zunehmend auch die Möglichkeit verliert, die Welt durch eigene Arbeit mitzugestalten. Computersysteme (verschleiernd Expertensysteme genannt) dringen in die Arbeitswelt vor und machen ganze Berufssparten entbehrlich: Firmen wie Digital und andere lösen Manager und Verwaltungsposten durch solche Maschinen ab; amerikanische Unternehmen gehen dazu über, die Einstellung von Mitarbeitern nicht mehr nach persönlichem Eindruck, sondern auf Grund von Computerentscheidungen vorzunehmen; elektronische Börsenhandelsberater verdrängen den Fachmann; die Karlsruher Informatikgruppe um Jörg Siekmann entwickelt derzeit einen automatischen «Mathematiker», der selber Beweise finden und vollautomatisch ein Lehrbuch der Mathematik verfassen kann; Michael Lebowitz von der Columbia-University New York arbeitet an einem automatischen Drehbuchschreiber für Fernsehserien; die EG-Kommission bietet seit kurzem ein automatisches Übersetzungssystem namens Systran an, das die bisherigen Dolmetscher ersetzt. Schon 1966 überraschte der Computerforscher Weizenbaum die Fachwelt mit seinem Eliza-Programm, das erstmals direkte «Gespräche» zwischen Mensch und Computer ermöglicht. Um diese Neuigkeit vorzuführen, hatte Weizenbaum die Fragen und Antworten des Computers auf die Ausdrucksweise und Denkart eines Psychiaters abgestellt, ohne zu ahnen, was daraus wurde. Er selbst berichtet darüber: «Ich wollte erreichen, daß ein Mensch sich mit einem Computer in natürlicher Sprache, also englisch oder deutsch, unterhalten kann. Das hatte mit Psychotherapie überhaupt nichts zu tun. Trotzdem kamen Psychiater, die jubelten: Hier haben wir den Anfang der automatischen Psychotherapie!», und sogleich malte sich in einer Fachzeitschrift ein kalifornischer Psychiater aus, daß man nun bald zwei- bis dreihundert Patienten auf einmal werde behandeln können. Weizenbaum erschrak zutiefst, weniger über das Mißverständnis seines Systems als über die Gesinnung, die sich hier offenbarte. Fortan begann er seine Arbeit als Wissenschaftler und Forscher mit anderen Augen zu sehen, und seine Beobachtungen ließen ihn zum entschiedensten Kritiker seiner eigenen Zunft werden.

In der Tat rührt gerade dieses Beispiel an die Wurzeln des Problems. Ein Beruf nach dem anderen wird von Robotern und Denkmaschinen erobert, und viele Zeitgenossen sehen darin ein großes Unglück, ohne zu bedenken, daß wir selbst dazu den Anlaß geben: Ein Psychiater, dessen Diagnosen und Denkraster so starr und mechanisch geworden sind, daß eine Maschine sie übernehmen kann, hat sich selbst überflüssig gemacht; es ist nur konsequent, wenn die Maschine ihn ersetzt. Ein Fließbandarbeiter, der zu stumpfsinnig-monotonen Handgriffen verurteilt ist, wird folgerichtig dem Roboter weichen, der seine Arbeit besser und schneller erledigt, und das ist positiv zu bewerten; Technik, die den Menschen von solcher Arbeit befreit, hat ihre volle Berechtigung. So sehr man die Arbeitslosigkeit im Einzelfalle auch bedauern mag, so sollten wir doch nie vergessen, daß nur automatenhaft gewordene Arbeit uns von Automaten weggenommen werden kann, nur maschinenhaft gewordenes Denken von Maschinen imitierbar ist. Wenn die Technisierung immer größere Bereiche erfaßt, dann beweist das nur, in welchem Umfang unser berufliches Denken und Handeln bereits tot und leichnamhaft geworden ist. Das sollte uns ein Weckruf sein, der uns zur Selbsterkenntnis führt. Prüfen wir uns einmal schonungslos, inwieweit wir noch vollmenschlich tätig sind, ganz aus unserem eigenen Wesen heraus und somit individuell, und wo wir uns nur automatenhaft verhalten, sei es am Arbeitsplatz, sei es im Alltag. Wie oft orientieren wir uns an dem, was «man» für richtig hält in der Gesellschaft oder Gruppe, die uns umgibt, übernehmen gedankenlos die vorgeprägten Denkschablonen und Verhaltensmuster, halten an liebgewordenen Gewohnheiten fest, lassen uns Ziele und Maßstäbe von außen geben und vermeiden es, anders zu sein als die Masse. Trägt nicht das, was wir als unser Ich erleben, zu einem großen Teil den Stempel der Umgebung?

Für die bisherigen Menschheitskulturen war ein gruppengebundenes Ich noch ganz natürlich und angemessen. Den Forderungen unserer Zeit kann es nicht mehr genügen und gerät in Dekadenz. Einen Geschmack davon kann man gewinnen, wenn man während eines Fußball-Länderspiels durch ausgestorbene Straßen geht und dann plötzlich aus allen Häusern einen tierischen Schrei erschallen hört, dem bald darauf, falls die eigene Nationalmannschaft den Sieg davongetragen hat, noch andere Laute folgen, die an Auerbachs Keller gemahnen: «Uns ist ganz kannibalisch wohl, als wie fünfhundert Säuen.»

Die vielen Angriffe, von denen die Rede war, verfolgen das Ziel, die anstehende Ausbildung der Ich-Autonomie zu unterdrücken, indem sie den Menschen auf der überlebten Stufe des Gruppen-Ich festhalten und zum gleichgeschalteten Massen-Ich verkommen lassen, um ihn desto sicherer aufzureiben und zu vernichten. Man kann darüber erschrecken, man kann aber auch verborgene Weisheit darin entdecken: Würden nämlich die Angriffe nicht erfolgen, würden wir uns weiterhin im Glanze unserer Herrschaft über die Erde sonnen und keine Veranlassung sehen, uns zu einem wahrhaft freien, individuellen Ich zu erheben. Erst durch die Auseinandersetzung mit den Widersachern gewinnen wir die Kraft, das dekadent gewordene Ego zu überwinden und ein neues, höheres Ich in uns zu erwecken, das sich selbst die Richtung weist, sich selbst erzieht und weiterentwickkelt. Die Kraft, die ein autonomes Ich sich erringen kann, ist so gewaltig, daß die Gegner zu den schärfsten Mitteln greifen müssen, um seinen Aufstieg zu verhindern. Aber indem sie das gegenwärtige Ich des Menschen bekämpfen und in den Untergang treiben, helfen sie ungewollt mit, das eigentliche Ich zu entbinden, das erst geboren werden kann, wenn das niedere Ich stirbt. So erfüllen die Mächte des Bösen auf geheimnisvolle Weise eine bedeutsame Mission für die Weiterentwicklung der

Welt. Ihr zerstörerisches Wesen hat innere Notwendigkeit, wie wir sie auch bei einem Samenkorn erleben können: Solange der Same sich selbst überlassen bleibt, zeigt er keine Neigung, sich zu verändern; hart und trocken bewahrt er seine Form, scheinbar leblos und unfruchtbar. Übergibt man ihn aber der Erde, wird er von zerstörerischen Kräften attackiert, aufgeweicht und zum Verfaulen gebracht; er stirbt. Nun wird seine Keimkraft frei, und plötzlich zeigt sich, welche Zukunftsfähigkeit in dem verholzten Körnchen verborgen lag. Der Tod des Samens wird zur Geburt eines neuen Lebens.

So dürfen wir sagen: Es hat einen tiefen Sinn, daß die Angriffe des Bösen uns heute bedrängen. Sie sind so gewaltig, weil etwas Gewaltiges entbunden werden möchte: das wirklich freie, schöpferische Ich, das aus eigener innerer Kraft die tote Sinneswahrnehmung erweitern kann zu einer lebendigen, geisterfüllten Imagination höherer Welten. Die Frage an uns ist nur: Sind wir ein Samenkorn ohne Zukunft, das in der Erde verwest, oder sind wir ein Same, der den Tod überwindet und neues Leben trägt? In diesem Sinne können wir Goethes Verse verstehen:

Und so lang du das nicht hast,
Dieses: Stirb und werde!
Bist du nur ein trüber Gast
Auf der dunklen Erde.

Literaturhinweise

CLAUS EURICH / GERD WÜRZBERG: 30 Jahre Fernsehalltag. Wie das Fernsehen unser Leben verändert hat. Reinbek 1983. *(Darin ein reichhaltiges Literaturverzeichnis.)*

CLAUS EURICH: Das verkabelte Leben. Wem schaden und wem nutzen die Neuen Medien? Reinbek 1980.

EXPERTENKOMMISSION NEUE MEDIEN – EKM BADEN-WÜRTTEMBERG: Abschlußbericht (3 Bände). Stuttgart 1981.

HELMUT VON KÜGELGEN (Hg.): Fernseh-Geschädigt. Begründende Literatur zu einem Aufruf, die kleinen Kinder vor dem Bildschirm zu schützen. Studienheft 7 der Internationalen Vereinigung der Waldorfkindergärten. Stuttgart 1975.

JERRY MANDER: Schafft das Fernsehen ab! Eine Streitschrift gegen das Leben aus zweiter Hand. Originalausgabe New York 1978, deutsche Übersetzung Reinbek 1979.

Neue Medien – Alte Fragen. Zeichen der Zeit (Gesammelte Aufsätze) Hg. MEDIENGRUPPE DER GOETHESCHULE – Freie Waldorfschule Pforzheim. 1984.

NEIL POSTMAN: Das Verschwinden der Kindheit. Originalausgabe New York 1982, deutsche Übersetzung Frankfurt a. M. 1983.

ALEXANDER ROSSNAGEL: Bedroht die Kernenergie unsere Freiheit? Das künftige Sicherungssystem kerntechnischer Anlagen. München 1983.

JOSEPH WEIZENBAUM: Kurs auf den Eisberg, oder, nur das Wunder wird uns retten, sagt der Computerexperte. Zürich 1984.

JOSEPH WEIZENBAUM: Die Macht der Computer und die Ohnmacht der Vernunft. Frankfurt a. M. 1977.

F. H. J. A. WILMAR: Wie wirken Rundfunk und Fernsehen auf Kinder? Zeist 1966.

MARIE WINN: Die Droge im Wohnzimmer. Originalausgabe New York 1977, deutsche Übersetzung Reinbek 1979.
WOLFGANG WUNDEN: Medienpädagogik – Führerschein fürs Fernsehen? Südfunk-Hefte 3, hg. Süddeutscher Rundfunk [2]1984.

Zeichen der Zeit

1 Atomtechnik und Anthroposophie

Die Energiekrise als Prüfstein moralischer Verantwortlichkeit.

Von Stefan Leber.

Aus dem Inhalt: Die Energiekrise und ihr scheinbarer Ausweg / Neuzeitliche Wissenschaftsmethode / Zerstörungskräfte aus alter Mysteriensicht / Von zu erstrebenden Bewußtseinszuständen und von technischen Zerrformen / Kernkräfte und Moralität / Was sagt Anthroposophie zur Kerntechnologie?

2 Indiens Erbe – Illusion und Wirklichkeit heute

Von Heimo Rau.

Aus dem Inhalt: Weltgegensätze zwischen Ost und West / Der Hinduismus als religiöses und soziales Phänomen / Indiens Erbe – Illusion und Wirklichkeit.

3 Friedensfähigkeit durch Anthroposophie

Aus dem Inhalt: Aggression und Frieden / Die Idee von der Wiederverkörperung – Ein Baustein zum Frieden / Vom inneren Kampffeld – Das Tier aus dem Abgrund / Vom Geschichtsdrama des 20. Jahrhunderts / Krieg als Daseinskrönung – als Opfer – als Widersinn.

4 Arbeitslosigkeit

Aus dem Inhalt: Konkurrenzkampf und Arbeitslosigkeit / Die Akkumulation des Kapitals und der Arbeitswillige ohne Aufgabe / Inwieweit ist Arbeitslosigkeit eine Folge des technischen Fortschritts? / Trennung von Arbeit und Einkommen? / Wert und Würde der Arbeit / Jugendarbeitslosigkeit – Wie kann sie überwunden werden? / Arbeitslosigkeit – Freiheit zur Arbeit.

5 Assoziative Wirtschaft – ein Weg zur sozialen Neugestaltung

Von Wolfgang Latrille

Aus dem Inhalt: Von der Einheit zur Dreigliederung / Die wichtigsten sozialen und wirtschaftlichen Auffassungen der Neuzeit / Die Prinzipien der Freiheit, Gleichheit und Brüderlichkeit / Das soziale Hauptgesetz / Ein neuer Begriff des Eigentums / Die Ersetzung des Lohn- und Gehaltsystems durch ein Teilungsverhältnis / Ein gesundes Geldwesen.

7 Mitteleuropa im Spannungsfeld der Gegenwart

Dokumentation des Wittener Kongresses vom November 1985

Aus dem Inhalt: Die Dreigliederung des sozialen Organismus / Bewußtseinswandel der modernen Menschheit / Völker und ihre Mission / Podiumsdiskussion / Mitteleuropas therapeutischer Auftrag / Von der Menschenwürde im Wirtschaftsleben / Der plastische Umstülpungsvorgang / Freies Geistesleben als Grundlage für eine soziale Erneuerung.

8 Das Schicksal manipulieren?

Über die Technisierung von Geburt und Tod

Aus dem Inhalt: Die Embryonalentwicklung des Menschen als Ausdruck seiner Individualität / Manipulierte Fruchtbarkeit / Manipulation mit dem Leben / Genetik und Gefährdung der Menschwerdung / Offene und verborgene Manipulationen um Geburt und Tod / Sterben und Geborenwerden – Grundlagen einer geistgemäßen Ethik.

VERLAG FREIES GEISTESLEBEN

Anthroposophie in Thementaschenbüchern

VERLAG FREIES GEISTESLEBEN